말맛이 살고 글맛이 좋아지는 어맛!

EBS 초등

어휘 맛집 2호점

글 홍옥 | 그림 이정화

EBS BOOKS

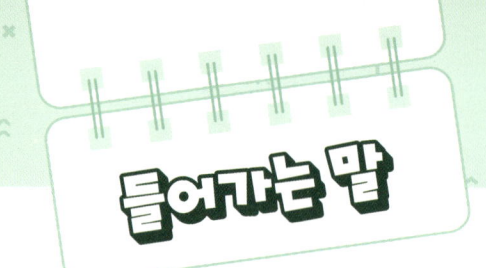

어휘, 아무리 많이 알아도 지나치지 않아요!

 우리는 뭔가를 원하거나 생각을 나타낼 때 말을 하고 글로 써요. 말과 글은 어휘를 많이 알수록 다양하게 표현할 수 있어요. 그리고 다채롭게 표현한다는 건 자신의 생각과 뜻을 좀 더 구체적이고 명확하게 나타낼 수 있다는 걸 의미해요. 또 풍성한 언어생활을 통해 생각의 폭도 넓힐 수 있어요. 언어가 생각을 100% 만드는 건 아닐지 몰라도, 생각이 언어의 영향을 받는 건 부정할 수 없어요. 그 기본이 바로 어휘이고요.

　최근에 우리 사회에서 '심심한 사과 말씀을 드린다'란 표현이 논란이 된 적이 있어요. 일부 사람들이 사과를 왜 심심하게 하느냐고 따졌어요. 말장난을 한다고 느낀 거예요. 하지만 여기에서 '심심'은 한자 '심할 심(甚) + 깊을 심(深)'으로, 매우 깊고 간절하게 사과한다는 의미였어요. 어휘력이 달려서 생긴 오해였지요. 물론 굳이 어려운 말이 아닌 쉬운 표현을 썼어도 되었을 거예요. 하지만 얼마 전까지만 해도 우리는 심심한 사과란 말을 썼었고, 그 말을 알았더라면 오해가 생기지 않았을 거예요.

    이제는 동영상이나 SNS 등을 통해 단순한 문장과 줄임말에 익숙한 세상에서 살고 있어요. 어휘가 조금만 복잡하거나 어려워도 피로감을 느끼는 사람들이 늘고 있지요. 하지만 그렇다면 무조건 쉽고 단순한 말만 쓰는 게 정답일까요? 심심한 사과는 버리고, 깊고 간절한 사과만 써야 한다면 우리의 생각은 더더욱 단조롭게 변하지는 않을까요?

    다시 앞으로 돌아가서 생각의 깊이와 폭은 풍성한 언어생활에 달려 있다고 한 말을 떠올려 보세요. 다양한 어휘를 알아야 더 넓은 상상의 세계를 펼치고 창의적으로 생각할 수 있어요. 재미있는 문학 작품과 영화를 감상하는 일에도 어휘가 기본 바탕이 되고, 좋아하는 사람에게 마음을 고백할 때도 따뜻하고 근사한 표현이 필요해요. 또 학문을 깊이 있게 연구할 때에도 어휘가 필수이지요. 이렇게 많이 알면 알수록 살아가는 데 큰 도움이 되는 어휘, 재미있고 즐겁게 배워 보세요. 일부러 외우려고 하지 않아도 돼요. 생활 속에서, 책 속 문장이나 친구와의 대화 속에서 익숙해지고 곱씹어 보면 되거든요. 그리고 이 책 《어휘 맛집 2호점》이 여러분에게 도움을 줄 거예요.

차례

2장
반대의 맛: 반의어

오늘의 마수걸이…58
우연과 필연…62
유창한 사람…66
팽이의 등산…70
꾀죄죄한 까닭…74
가로세로 십자말풀이 ❸…78
귀농은 힘들어…80
농담도 잘해…84
무한 리필의 비밀…88
소식가의 약점…92
겨우내 팽이가 한 일…96
가로세로 십자말풀이 ❹…100
큭큭! 어휘 수수께끼…102

1장
비슷한 맛: 유의어

민지의 배짱…10
반려인의 자부심…14
동경과 실망 사이…18
격앙된 이유…22
합리적인 취향…26
가로세로 십자말풀이 ❶…30
허풍이 아니야…32
죽을힘을 다해서…36
싸고돈 최후…40
불현듯이 미어캣…44
맹랑한 동생…48
가로세로 십자말풀이 ❷…52
큭큭! 어휘 수수께끼…54

3장

헷갈리는 맛

음식 가리는 지왕이…106
날뛰지 않는 반려동물…110
민지가 노리는 것…114
삼촌이 세운 계획…118
뒤집는 조건…122
가로세로 십자말풀이 ❺…126
큭큭! 어휘 수수께끼…128

5장

바른 맛

앳된 아이 두롱이…158
감감무소식 할머니…162
치고받고 형제…166
갯벌 체험 중…170
뾰루지의 오해…174
가로세로 십자말풀이 ❼…178
큭큭! 어휘 수수께끼…180

★ 십자말풀이 정답…182
★ 어휘 찾아보기…184

4장

순우리말 맛

담뿍담뿍 푸성귀…132
쏠쏠한 캠프의 추억…136
살뜰함의 꼼수…140
지오의 깜냥…144
책방 단골손님 영이…148
가로세로 십자말풀이 ❻…152
큭큭! 어휘 수수께끼…154

EBS 초등  시리즈는?

어휘력이 좋으면 공부가 재미있어지고, 말솜씨와 글솜씨 모두 좋아져요.
〈EBS 초등 어맛 시리즈〉는 재미있는 어휘 뜻풀이와 문장 활용을 통해
어린이들의 표현력과 문장력을 길러 줄 거예요.
맛있는 음식을 먹고 기분이 좋아지는 것처럼, 다양한 어휘와 표현을 맛보면서
풍요로운 언어생활을 즐겨 보세요.

등장인물

민지
아무 말이 특기인 5학년 소녀.
넉살이 좋고, 말장난과 개그를
좋아하는 것도 모자라 자부심이
있다. 지오를 놀리는 게 재밌다.

야오
민지네 반려 고양이.
사고를 치고 나서
어설프게 숨는다.
그래도 민지는 잘
못 찾는다.

영이
급식을 사랑하는 5학년 소녀.
상추나 당근만 보면
반려동물 팽이 생각을 한다.
교장 선생님과 텃밭을 가꾼다.

팽이
영이가 3년째 키우는 달팽이.
상추, 당근을 좋아한다.
당근을 먹으면 주황색 똥을,
상추를 먹으면 녹색 똥을 눈다.

두룡
덩치 좋고, 운동을 잘하는 소년.
고등학생으로 오해받곤 한다.
생긴 것과 다르게 소심하지만,
민지 같은 개그인을 꿈꾼다.

지오
아는 게 좀 많은 척척박사.
민지의 개그를 들으면
종종 배가 아프다.
동생 지왕이와는 맨날
티격태격한다.

지왕
지오의 남동생. 3학년.
주머니몬 스티커 모으기에
푹 빠져 있다. 형보다
형 친구 두룡이를 더 따른다.

이런 뜻이 있어요

명사 **배짱**
마음속으로 다져 먹은 생각이나 태도.
→ 우아, 너 무슨 배짱으로 대회에 나온 거야?

명사 **배포** (물리칠 排 + 베 布)
머리를 써서 마음속에 품고 있는 생각.
→ 겉은 어수룩해 보여도 배포가 있는 친구라니까.

'배짱'과 '배포' 둘 다 어떤 일을 해내겠다고 굳게 품고 있는 생각을 말해요. '마음속에 품은 꿋꿋한 생각'을 뜻하는 '보짱'과도 뜻이 통해요. '배짱'의 경우, '굽히지 않고 고집스럽게 버티는 생각이나 태도' 를 뜻하기도 하는데, 이때는 '고집'과 비슷해요. '배포'는 더러 '마음속에 지닌 앞날의 희망'을 뜻하는 '포부'와도 의미가 통해요.

명사 **망신** (망할 亡 + 몸 身)
말이나 행동을 잘못하여 체면이나 명예가 손상됨.
→ 사람들 앞에서 잘난 척하다가 괜히 망신만 샀어.

명사 **무안** (없을 無 + 얼굴 顔)
얼굴을 바로 들지 못할 정도로 수줍거나 창피함.
→ 어설프게 하면 무안만 당할 것 같은데 관둬.

'망신'과 '무안'은 당혹스럽거나 쑥스러운 일로 남들 앞에서 얼굴을 들기 힘들 정도로 민망한 거예요. 아주 크게 당한 망신을 '개망신'이라고도 하지요. '무안하다'는 '겸연쩍고 부끄럽다'를 뜻하는 '무색하다'와도 뜻이 통해요.

 이런 뜻이 있어요

형용사
건방지다
잘난 체하거나 남을 낮추어 보듯이 행동하는 데가 있다.

→ 공부 잘한다고 건방지게 굴면 어쩌자는 거야?

=

형용사
거만하다
(거만할 倨 + 게으를 慢)
잘난 체하며 남을 업신여기는 데가 있다.

→ 태어나서 그렇게 거만한 사람은 처음 봤어.

자신의 분수를 모르고 잘난 척하는 모습을 볼 때 '건방지다'라고 해요. 다른 사람을 무시하는 태도에 있어서 '거만하다'와 뜻이 통해요. 비슷한 말로는 '비위에 거슬릴 정도로 지나치게 건방지다'란 뜻의 '시건방지다'가 있어요. 좀 더 강조된 표현이에요.

형용사
태연하다
(클 泰 + 그럴 然)
당연히 머뭇거리거나 두려워할 상황에서 태도나 얼굴빛이 아무렇지도 않다.

→ 화가 무척 났지만 애써 태연한 척했다.

=

형용사
천연덕스럽다
(하늘 天 + 그럴 然-)
시치미를 뚝 떼어 겉으로는 아무렇지 않은 체하는 태도가 있다.

→ 그 사람은 진짜 천연덕스럽더라.

어떤 당황스러운 상황에서도 태도가 평온하고 평소와 다를 바가 없을 때 '태연하다'라고 해요. 마음속 감정을 숨긴 채 아무렇지 않은 척하는 것으로, '천연덕스럽다', '태연자약하다' 등과 뜻이 통해요. '천연덕스럽다'는 '생긴 그대로 꾸밈이 없고 자연스러운 데가 있다'라는 뜻도 있어요.

방귀를 많이 뀌어서 구박받은 주인공이 나오는 전래동화는?

방귀 대장 뿡뿡이!

어.. 어?

어맛! 말맛 살리는 **어휘 양념 퀴즈 ①**

"자꾸 지니까 이기고 싶은 ㅇ ㄱ 가 발동했어."

- **힌트 1** '능력은 부족하지만 지기 싫어하는 고집스러운 마음'을 뜻해요.
- **힌트 2** '잘난 체하고 무례한 마음'이란 뜻도 있어요.

어맛! 말맛 살리는 **어휘 양념 퀴즈 ②**

"1등을 하려고 ㅇ ㄱ ㅎ 을 썼어."

- **힌트 1** '어떤 일을 이루려고 몹시 애쓰는 힘'을 뜻해요.
- **힌트 2** '고통과 울분을 참으면서 애쓰는 힘'을 뜻하기도 해요.
- **힌트 3** 발음은 [안간힘], [안깐힘] 둘 다 가능해요.

정답 ① 오기 ② 안간힘

반려인의 자부심

이런 뜻이 있어요

비슷한 맛

명사
자부심
(스스로 自 + 질 負 + 마음 心)
자신의 가치나 능력을 믿고 당당히 여기는 마음.

→ 넌 외모에 대한 **자부심**이 대단하구나.

명사
긍지
(불쌍히 여길 矜 + 가질 持)
자신의 능력을 믿음으로써 가지는 떳떳하고 자랑스러운 마음.

→ 독립운동가의 후손으로서 보람과 **긍지**를 느낀다.

'자부심'과 '긍지'는 둘 다 스스로에게나 뭔가에 대해 믿음을 가지고 떳떳하게 생각하는 거예요. 비슷한 말로는 '어떤 일에 대해 자부심을 느끼게 하는 일의 가치나 의미'를 뜻하는 '보람', '스스로 떳떳하고 자랑스럽게 여기는 마음'의 '자긍심'이 있어요.

형용사
시큰둥하다
마음에 들지 않거나 못마땅하여 내키지 않는 듯하다.

→ 내 말에 왜 그렇게 **시큰둥하게** 반응해?

형용사
시들하다
마음에 차지 않아 내키지 않다.

→ 사귄 지 백 일이 넘으니까 마음이 **시들해지는** 것 같아.

본래 '시큰둥하다'는 '말이나 행동이 주제넘고 건방지다'의 뜻이 있어요. '시들하다' 또한 '풀이나 꽃 따위가 시들어서 생기가 없다'라는 의미와 '대수롭지 않다'의 뜻이 있어요. 이 두 말이 별로 만족스럽지도 달가워하지도 않는다는 의미로 비슷하게 쓰이게 되었어요.

 이런 뜻이 있어요

명사
실화 (열매 實 + 말할 話)
실제로 있거나 있었던 이야기.

→ **실화**를 바탕으로 한 영화라서 그런지 더 큰 감동이 밀려왔다.

명사
논픽션 (nonfiction)
꾸며 낸 것이 아닌, 사실에 근거하여 쓴 이야기.

→ 다큐멘터리랑 **논픽션**에 관심이 많아.

'실화'는 실제로 있었던 이야기예요. 비슷한 말로 '실담'이 있어요. '논픽션'은 주로 작가가 창조한 이야기가 아닌, 사실을 바탕으로 쓴 작품을 말해요. 수기나 기행문, 전기 등이 여기에 해당해요.

명사
충격 (찌를 衝 + 부딪칠 擊)
슬픈 일이나 뜻밖의 사건 등으로 마음에 받은 심한 자극이나 영향.

→ 할아버지가 갑작스럽게 돌아가셨다는 소식에 **충격**을 받았어.

명사
쇼크 (shock)
미처 생각하지 못한 일이나 사건이 생겼을 때 갑자기 느끼는 마음의 동요.

→ 네가 한 짓을 부모님이 아시면 엄청난 **쇼크**를 받으실 거야.

본래 '충격'은 '물체에 급격히 가해진 힘'이에요. 뭔가에 부딪히거나 자극을 받았다는 것이지요. 이 말이 확장되어 마음에 받는 영향도 충격이라고 해요. 외래어 '쇼크'와 비슷하지요. '쇼크'는 의학 용어로 '갑작스러운 자극으로 일어나는 정신, 신체의 특이한 반응'을 말하기도 해요. 이때는 호흡이 가빠지거나 혈압이 내려가고 얼굴이 창백해지는 등 직접적인 증상이 나타나요.

어맛! 말맛 살리는 **어휘 양념 퀴즈 1**

"살짝 긁힌 걸 가지고 아프다고
ㅎ ㄷ ㄱ 을 떨었어."

- 힌트 1) '가볍고 야단스러운 말이나 행동'을 뜻해요.
- 힌트 2) 참고로 '흐들갑'은 '너무 가벼운 태도로 소란스럽게 떠벌리는 것'이에요.

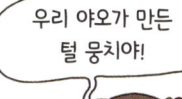

어맛! 말맛 살리는 **어휘 양념 퀴즈 2**

"두 팀 간의 날카로운
ㅅ ㄱ ㅈ 이 펼쳐졌어."

- 힌트 1) '경쟁 관계에서 말이나 행동으로 상대를 자극하며 싸우는 일'을 말해요.
- 힌트 2) 본래는 '속임수나 선전 등으로 적의 신경을 자극하여 사기를 잃게 하는 전술'이에요.

정답 ① 호들갑 ② 신경전

이런 뜻이 있어요

동사

동경하다
(그리워할 憧 + 깨달을 憬)
어떤 것을 간절히 그리워하여 그것만을 생각하다.

→ 어릴 때부터 연예인의 삶을 **동경했어**.

동사

선망하다
(부러워할 羨 + 바랄 望)
부러워하여 그렇게 되기를 바라다.

→ 요즘 어린이들이 **선망하는** 직업 1위가 너튜버라며?

'동경하다'는 간절히 그리워하거나 바라는 거예요. '선망하다'는 부러운 마음을 가지고 그렇게 되기를 바라는 것으로, 비슷한 말에 '소망하다'가 있어요. 뭔가를 향해 부러운 마음이 들어야 그걸 바라면서 쭉 생각하고 그리워하게 되지요. 그런 점에서 두 말이 비슷한 의미로 쓰일 때가 있어요.

명사

질투
(시새움할 嫉 + 강새암할 妬)
다른 사람이 잘되거나 좋은 처지에 있는 것을 괜히 미워하고 싫어함.

→ 친구의 수상 소식에 **질투**가 났다.

명사

샘
남의 것을 탐내거나, 자기보다 형편이 나은 사람을 부러워하거나 싫어하는 마음.

→ 지오는 평소 **샘**이 많아서 잘 삐치는 것 같아.

상대를 부러워하는 마음이 넘어서면 짜증이 나고 싫어하는 마음마저 생겨요. '질투'와 '샘' 모두 그런 마음이 드는 거예요. 비슷한 말에는 '시새움', '남이 잘되는 것을 싫어하고 미워함'이란 뜻의 '시기' 등이 있어요.

 이런 뜻이 있어요

명사 익살
남을 웃기려고 하는 우스운 말과 행동.
→ 나 요즘 너의 **익살** 섞인 웃음이 자꾸 생각나.

명사 개그 (gag)
관객을 웃기기 위해 하는 익살스러운 대사나 몸짓.
→ 난 일요일마다 **개그** 프로그램을 봐.

'익살'과 '개그'는 일부러 남을 웃기려고 하는 말이나 행동으로, '우스개', '유머'와도 뜻이 통해요. 이렇게 남을 잘 웃기는 사람을 '익살꾼'이라고 하고, 그 일을 직업으로 삼은 사람을 '개그맨', '코미디언'이라 불러요.

명사 실망 (잃을 失 + 바랄 望)
기대가 어긋나서 희망을 잃거나 마음이 몹시 상함.
→ 내가 준 선물을 잃어버리다니, 정말 **실망**이야.

명사 낙심 (떨어질 落 + 마음 心)
바라던 일을 이루지 않아 맥이 풀리고 마음이 상함.
→ 오디션에 떨어져서 **낙심**이 이만저만이 아니야.

둘 다 바라던 일이 잘 안 되어 마음이 불편하고 안 좋은 상황일 때 써요. 비슷한 말로는 '바라던 계획이 뜻대로 풀리지 않아 크게 실망함'이란 뜻의 '낙담', '뜻이나 의욕을 잃음'의 '실의' 등이 있어요.

어맛! 말맛 살리는 **어휘 양념 퀴즈 ❶**

"듣자니 내가 너의 완벽한 ㅇ ㅅ ㅎ 이라며?"

힌트 1 '가장 완전하다고 생각하는 사람의 유형'을 뜻해요.
힌트 2 주로 자신이 좋아하는 사람이나 스타일을 말해요.

어맛! 말맛 살리는 **어휘 양념 퀴즈 ❷**

"내 동생은 미운 일곱 살 ㅇ ㄷ 이야."

힌트 1 '장난이 심한 아이, 즉 장난꾸러기'를 말할 때 써요.
힌트 2 본래 '부도덕하고 나쁜 행동을 하는 아이'를 뜻하는 말이에요.

정답 ❶ 이상형 ❷ 악동

격앙된 이유

동사 — 흥분되다
(일어날 興 + 떨칠 奮)

어떤 자극을 받아 감정이 북받쳐 일어나게 되다.

→ 콘서트장에 가면, 그 분위기에 누구나 **흥분되지** 않나?

동사 — 격앙되다
(과격할 激 + 밝을 昂)

기운이나 감정 따위가 격렬히 일어나 높아지다.

→ 그 애가 **격앙된** 목소리로 따지기 시작하니, 대꾸를 못 하겠더라.

어떤 자극을 받아서 감정이 격해지거나 날카로워졌을 때 '흥분되다'란 말을 써요. 비슷한 말 '격앙되다'도 감정이 확 일어나는 걸 말해요. '감정이나 세력 따위가 한창 높아지다'란 뜻의 '고조되다'와도 뜻이 통해요.

명사 — 양해
(믿을 諒 + 풀 解)

남의 사정을 헤아려 너그러이 받아들임.

→ 먼저 **양해**도 구하지 않고 나가면 어떡해?

명사 — 이해
(다스릴 理 + 풀 解)

남의 형편을 알고 받아들임.

→ 내 친구 두롱이는 굉장히 **이해**가 깊은 친구야.

'이해'와 '양해'는 둘 다 다른 사람의 상황을 잘 알고 너른 마음으로 받아들이는 거예요. '이해'의 경우 본래 '무엇이 어떤 것인지 앎', '깨달아서 잘 받아들임'의 뜻이 있어요. 상대를 알고 잘 받아들이는 거면, 그다음은 배려로 이어지겠지요.

 이런 뜻이 있어요

동사 / 대체하다
(대신할 代 + 바꿀 替)
비슷한 다른 것으로 바꾸다.

→ 석유를 **대체할** 연료에는 뭐가 있을까?

동사 / 갈다
사용하던 물건을 다른 것으로 바꾸다.

→ 이번에 낡은 수건을 새 걸로 **갈았는데**, 진짜 만족스러워.

'대체하다'와 '갈다'는 대신해 바꾸다라는 뜻이 있어요. 비슷한 말에는 '사람이나 사물, 제도 등을 다른 것으로 대신해 바꾸다'란 뜻의 '교체하다'가 있어요. '갈다'의 경우, '맡고 있는 직책을 물러나게 하고 다른 사람을 앉히다'란 뜻도 있어요.

동사 / 완화되다
(느릴 緩 + 화목할 和)
긴장된 상태나 매우 급한 것이 느슨하게 되다.

→ 둘 사이의 갈등이 이젠 **완화되었어**.

동사 / 풀리다
힘이 들어가 있는 상태에서 힘이 빠져 느슨한 상태가 되다.

→ 긴장이 **풀리고** 나니 밥이 쑥쑥 들어가더라.

두 어휘 다 긴장된 상황이 느슨하게 되는 거예요. '완화되다'의 경우, '법이 완화되다', '규제가 완화되다'처럼 사회 현상을 말할 때 자주 써요. 또 '병세가 약해지다'의 뜻도 있어서 '호전되다'와도 통해요.

어맛! 말맛 살리는 **어휘 양념 퀴즈 ①**

"**ㅂ ㅌ**이 나서 밥 대신 죽을 먹었어."

힌트 1 '먹은 음식이 체하거나 설사를 하거나 배가 아프거나 하는 병'을 말해요.

힌트 2 비슷한 말로는 '배앓이', '똥탈' 등이 있어요.

어맛! 말맛 살리는 **어휘 양념 퀴즈 ②**

"아무래도 우리 엄마 손은 **ㅇ ㅅ**인가 봐."

힌트 1 '아픈 곳을 만지면 통증이 없어지는 것처럼 느껴지는 손'을 말해요.

힌트 2 본래 '다섯 손가락 중 네 번째 손가락'인 '약손가락'을 뜻해요.

동사 · 열광하다
(더울 熱 + 미칠 狂)
너무 기쁘거나 흥분하여 미친 듯이 날뛰다.
→ 우린 왜 이토록 축구에 **열광하는** 걸까?

동사 · 미치다
지나칠 정도로 심하게 빠지다.
→ 사랑에 **미쳐서** 친구를 버리다니, 네가 그러고도 사람이냐?

'열광하다'와 '미치다'는 어떤 일에 정상적인 경우보다 더 지나치게 열중하는 거예요. 그만큼 좋아하고 푹 빠졌다는 이야기지요. 비슷한 말로는 '어떤 일에 지나치게 몰두하여 정신을 못 차리는 지경이 되다'를 뜻하는 '환장하다'가 있어요.

명사 · 취향
(빨리 갈 趣 + 향할 向)
어떤 것에 대하여 좋아하거나 즐겨서 쏠리는 마음.
→ 너의 **취향**을 존중하도록 노력해 볼게.

명사 · 기호
(즐길 嗜 + 좋을 好)
즐기고 좋아함.
→ 각자의 **기호**에 맞는 음식을 하나씩만 주문해라.

'취향'은 '하고 싶은 마음이나 욕구가 기우는 방향'이에요. '무엇을 즐기는 일, 그러한 마음이 쏠리는 방향'인 '구미'와도 뜻이 통해요. '기호' 또한 즐기고 좋아하는 거예요. 참고로 '애호'는 '사랑하고 좋아함'을 뜻하고, '선호'는 '여럿 중에서 어떤 것을 특별히 좋아함'을 뜻해요.

 이런 뜻이 있어요

명사·관형사
합리적
(합할 合 + 다스릴 理 + 과녁 的)
논리나 이치에 알맞은, 또는 그러한 것.

→ 이 정도면 딱 **합리적** 가격 같은데?

명사·관형사
이성적
(다스릴 理 + 성품 性 + 과녁 的)
이성에 따르는, 또는 그러한 것.

→ 감정을 자제하고 **이성적**으로 생각해.

'이성'은 '올바른 가치나 지식을 가지고 논리에 맞게 생각하고 판단하는 능력'이에요. 그래서 '이성적'은 그 이성을 바탕으로 생각하고 행동하는 것을 말해요. 비슷한 말 '합리적'도 감정에 휘둘리지 않고 이치나 논리에 맞게 하는 것이에요.

부사
전부
(온전할 全 + 나눌 部)
있는 대로 빠짐없이 다.

→ 그 애 말은 하나부터 열까지 **전부** 거짓말이야.

부사
모조리
하나도 빠짐없이 모두.

→ 도둑이 집에 있는 보석을 **모조리** 훔쳐 갔다.

'전부'와 '모조리'는 빠짐없이 모두 다란 뜻이 있어요. 비슷한 말로는 '몽땅', '싹', '온통' 등이 있어요. '전부'는 또 '어떤 대상을 이루는 낱낱을 모두 합친 전체'란 뜻의 명사이기도 해요. "전부가 힘을 합치면 고난을 이길 수 있어."처럼 쓰이지요.

어맛! 말맛 살리는 **어휘 양념 퀴즈 ❶**

"네 점수나 내 점수나
ㄷ,ㄱ,ㄱ,ㄱ 이야."

힌트 1 '윷놀이에서 '도'로 말을 잡을 수 있는 거리나 '개'로 잡을 수 있는 거리나 크게 다르지 않다'는 뜻에서 나온 말이에요.

힌트 2 '도찐개찐'이라는 비표준어가 더 많이 쓰이곤 해요.

어맛! 말맛 살리는 **어휘 양념 퀴즈 ❷**

"욕심과 ㅈ,ㅊ 을 버리면
마음이 편해."

힌트 1 '어떤 것에 늘 마음이 쏠려 잊지 못하고 매달림'을 뜻해요.

힌트 2 비슷한 말로 '품었던 마음이나 생각을 딱 끊지 못함'을 뜻하는 '미련'이 있어요.

가로 풀이

① 말이나 행동을 잘못하여 체면이나 명예가 손상됨.
③ 조심성이 없고 조급하며 매우 가벼운 말이나 행동.
⑤ 먹은 음식이 체하거나 설사를 하거나 배가 아프거나 하는 병.
⑧ 말하고 있는 때 이전의 지나간 차례나 때. 지난번.
⑩ 몸에 상처를 입음.
⑫ 너무 가벼운 태도로 소란스럽게 떠벌리는 것.
⑭ 실제로 있거나 있었던 이야기.
⑮ 양쪽 끝의 가죽을 손이나 채로 두드려 소리를 내는, 나무통 모양의 한국 전통 악기.
⑯ 바라던 일을 이루지 못하여 마음이 상함.
⑰ 떳떳하고 자랑스럽게 여기는 마음.
⑲ 시험, 검사 등을 통과함.

세로 풀이

② 경쟁하는 사이에서 말이나 행동으로 상대를 자극하며 싸우는 일.
④ 기대가 어긋나서 희망을 잃거나 마음이 몹시 상함.
⑥ 어떤 상황이나 구속 등에서 빠져 나옴.
⑦ 구리 등으로 동그랗게 만든 돈.
⑨ 자신의 가치나 능력을 믿고 당당히 여기는 마음.
⑪ 즐기고 좋아함.
⑬ 산이나 들에 나며 작은 노란 꽃잎이 있는 가을꽃.
⑮ 손을 보호하거나 추위를 막기 위해 손에 끼는 물건.
⑯ 문어과의 하나로, 빨판이 달린 여덟 개의 긴 다리가 있고, 위험할 때 먹물을 뿜는 바다 동물. 세발○○.
⑰ 어떤 사실이나 생각이 맞다거나 옳다고 인정함.
⑱ 슬픈 일이나 뜻밖의 사건 등으로 마음에 받은 심한 자극이나 영향.

명사 — 뚝심
굳세게 버티거나 감당하여 내는 힘.

→ 나는 **뚝심** 하나로 이 자리까지 온 사람이라고!

명사 — 강단 (굳셀 剛 + 끊을 斷)
어려움을 굳세고 꿋꿋하게 견뎌 내는 힘.

→ 할머니는 어려운 시절을 **강단**으로 버텨 오셨대.

'뚝심'과 '강단'은 굳세고 씩씩하게 버티어 내는 힘이에요. '뚝심'의 경우, '좀 미련하게 불뚝 내는 힘'이란 뜻이 있고, '강단'은 '어떤 일을 야무지게 처리하고 결정짓는 힘'이란 뜻도 있어요.

형용사 — 후미지다
어떤 곳이 무서움을 느낄 만큼 구석지고 으슥하다.

→ **후미진** 골목으로 사람을 부른 이유가 뭘까?

형용사 — 구석지다
위치가 한쪽으로 치우쳐 있거나 중심에서 멀리 떨어져 으슥하고 외지다.

→ 자리가 너무 **구석져서** 무대가 잘 보이지 않았어.

'후미지다'는 본래 '산길이나 물가가 휘어서 굽어 들어간 곳이 매우 깊다'란 뜻이에요. 그래서 '깊숙하다'와 뜻이 통해요. 이 말이 '구석지다'처럼 중앙에서 외따로 떨어져 으슥한 느낌이 있다는 의미로도 쓰이는 거랍니다.

이런 뜻이 있어요

명사 **위협** (위험 威 + 으를 脅)
무서운 말이나 행동으로 상대방이 두려움을 느끼도록 함.

→ 어떤 **위협**에도 굴하지 않고 당당하게 나갈 거야.

명사 **으름장**
무서운 말과 행동으로 남을 으르고 협박하는 짓.

→ 아저씨가 다시는 그러지 말라며 **으름장**을 놓으셨어.

'위협'과 '으름장' 둘 다 상대에게 겁을 주는 거예요. 비슷한 말로는 '겁을 주고 남에게 어떤 일을 강제로 하게 함'을 뜻하는 '협박', '남을 심하게 짓눌러 기를 꺾음'을 뜻하는 '윽박' 등이 있어요.

명사 **허풍** (빌 虛 + 바람 風)
실제보다 지나치게 부풀려 믿기 어려운 말이나 행동.

→ 그 남자는 **허풍**이 심해서 믿음이 가지 않아.

명사 **과장** (자랑할 誇 + 베풀 張)
사실에 비해 지나치게 크거나 좋게 부풀려 나타냄.

→ 장 과장님은 평소에도 **과장**이 좀 심한 것 같더라.

'허풍'은 지나치게 부풀려 말하는 것으로, '과장'과 뜻이 통해요. 비슷한 말로는 '근거 없이 크게 부풀려 하는 말'을 뜻하는 '큰소리', '흰소리' 등이 있어요. '허풍을 잘 떠는 사람'을 '허풍선이'라 하고, '실속 없이 겉으로만 부풀려 보이는 기세'를 '허세'라고 해요.

어맛! 말맛 살리는 **어휘 양념 퀴즈**

※ 아래 빈칸에 어울리는 말을 고르세요.

❶ "내가 방송에 관해서는 ☐☐☐ 이 있는 사람이야."

힌트 1 '어떤 분야에 대하여 일정한 경지에 오른 안목이나 견해'를 말해요.
힌트 2 비슷한 말로는 '사물을 간파하는 비범한 능력'이란 뜻의 '일척안'이 있어요.

① 일가견
② 일기장
③ 일머리

❷ "☐☐☐ 처럼 난데없이 무슨 소리야?"

힌트 1 '행동이나 사고방식이 엉뚱하고 바보 같은 사람'을 뜻해요.
힌트 2 본래 '돼지감자'를 가리키는 말이에요. 땅속줄기인 돼지감자들이 모양이나 무게, 크기도 제각각이라 이런 별명을 갖게 되었어요.

① 뚱뚱보   ② 장딴지   ③ 뚱딴지

죽을힘을 다해서

이런 뜻이 있어요

명사

죽을힘
죽기를 각오하고 쓰는 힘.

→ 이번 대회에 이기고자 **죽을힘**을 다해 싸웠다.

명사

사력 (죽을 死 + 힘 力)
목숨을 아끼지 않고 쓰는 힘.

→ 원하는 직장에 들어가고자 **사력**을 다해 시험을 봤다.

'죽을힘'과 '사력' 모두 죽기를 무릅쓰고 최선을 다하는 힘을 말해요. 참고로 '전력'은 '오로지 한 가지 일에 온 힘을 다함'이라는 뜻이고, '진력'은 '있는 힘을 다함'이란 뜻이에요.

명사

등쌀
몹시 귀찮게 괴롭히는 짓.

→ 부모님의 **등쌀**에 못 이겨 결국 캠프에 가기로 했다.

명사

성화 (이룰 成 + 불 火)
몹시 귀찮게 구는 일.

→ 한턱을 내라는 **성화**에 못 이겨 밥을 사고 말았지 뭐야.

두 어휘 다 남을 귀찮게 하는 짓을 뜻해요. 본래 '성화'는 '일이 마음대로 되지 않아 답답하고 속이 타는 상태'를 가리키는 말이에요. 이 말이 남에게든 자신에게든 귀찮게 구는 일로 확장해서 쓰이게 되었어요. '등쌀'의 경우, '등에 있는 근육'을 뜻하는 '등살'과 헷갈리지 않도록 주의하세요.

이런 뜻이 있어요

형용사
희박하다
(드물 稀 + 엷을 薄)
어떤 일이 이루어질 가능성이 드물다.

→ 조난한 사람의 생존이 **희박하다**.

형용사
적다
수량, 정도가 일정한 기준에 미치지 못하는 상태에 있다.

→ 우리가 이길 가능성은 아주 **적어**.

두 어휘 모두 어떤 횟수나 가능성이 크지 않음을 뜻해요. '매우 드물고 적다'의 '희소하다'와 뜻이 통해요. '희박하다'의 경우, 본래 '기체나 액체 등의 밀도가 낮거나 엷다'의 뜻이 있어요. 또 '감정이나 정신 상태가 약하다'의 의미도 있지요.

동사
체념하다
(살필 諦 + 생각할 念)
어떤 희망이나 기대 등을 버리고 더는 기대하지 않다.

→ 이루어질 수 없는 사랑이라면 일찌감치 **체념하는** 게 나아.

동사
단념하다
(끊을 斷 + 생각할 念)
품었던 생각이나 계획을 아예 끊어 버리거나 잊어버리다.

→ 지금까지 꾸어 왔던 꿈을 **단념하는** 일이 쉽지는 않아.

'체념하다'는 기대나 희망을 버리고 아예 마음을 접는 거예요. 미련을 갖지 않기로 하는 것이지요. '하려던 일이나 생각을 중간에 그만두다'를 뜻하는 '포기하다'와 의미가 통해요. '단념하다'는 한술 더 떠 하려던 계획조차 완전히 잘라 내는 거예요.

어맛! 말맛 살리는 어휘 양념 퀴즈

※ 아래 빈칸에 어울리는 말을 고르세요.

❶ "너를 만난 건 내 인생에서 정말 ☐☐이야."

힌트 1 '좋은 운수. 또는 행복한 운수'를 뜻하는 말이에요.
힌트 2 반대말에는 '나쁜 운수'를 뜻하는 '불운'이 있어요.

① 행운
② 행정
③ 재운

❷ "김구 선생에 관한 흥미로운 ☐☐를 들려주겠다."

힌트 1 '어떤 사건이나 인물에 대해 세상에 널리 알려지지 않은 흥미로운 이야기'를 뜻해요.
힌트 2 영어로는 '에피소드(episode)'라고 해요.

① 일지   ② 일화   ③ 영화

두둔하다 (동사)
(말 斗 + 둔할 頓)
편들어 주거나 잘못을 감싸 주다.

➡ 누나가 나를 **두둔해** 주다니, 감동이야!

싸고돌다 (동사)
허물을 덮어 주고 편들어 감싸다.

➡ 그렇게 아이를 **싸고도니까** 버릇만 나빠졌잖아.

'싸고돌다'는 본래 '어떤 대상의 주위를 둥글게 돌다'의 뜻이에요. 이 말이 확장되어 편을 들어 주거나 감싸 준다는 의미가 되었어요. 두 어휘와 비슷한 말로 '편들어 감싸고 보호하다'의 '비호하다', '다른 사람을 위해 감싸고 변명하다'의 '변호하다'가 있어요.

공개적 (명사·관형사)
(공변될 公 + 열 開 + 과녁 的)
어떤 사실을 여러 사람 앞에 널리 드러내는, 또는 그러한 것.

➡ 학부모들이 **공개적**으로 정부의 정책을 비난했다.

노골적 (명사·관형사)
(드러낼 露 + 뼈 骨 + 과녁 的)
숨김없이 모두를 있는 그대로 드러내는, 또는 그러한 것.

➡ 좋아하는 사람에게 속마음을 **노골적**으로 드러냈다.

'공개적'과 '노골적' 둘 다 어떤 사실을 숨기지 않고 보여 주는 거예요. 널리 터놓음으로써 여론을 형성하거나 자신의 의사를 알릴 수 있지요. 반대말로는 '남에게 알리지 않거나 보이지 않는'을 뜻하는 '비공개적', '개인과 관계된'이란 뜻의 '개인적'이 있어요.

 이런 뜻이 있어요

동사 따지다
잘못이나 문제가 있는 일을 똑똑히 묻고 분명한 답을 요구하다.
→ 기자들이 그의 잘잘못에 대해 끈질기게 **따졌다**.

동사 추궁하다 (쫓을 追 + 다할 窮)
잘못한 일에 대해 샅샅이 따져 밝히다.
→ 경찰이 범인을 **추궁하여** 다른 죄까지 밝혀냈다.

'따지다'는 본래 '어떤 일이나 현상을 꼼꼼하게 살피거나 옳고 그름을 밝혀 가리다'의 뜻이에요. 이 말이 확장되어 잘못을 샅샅이 밝히고 지적하는 '추궁하다'의 의미도 가지게 되었어요. 비슷한 말로는 '자세히 끈질기게 묻다'의 '캐묻다', '어떤 사실을 꾸짖어 묻다'의 '추문하다' 등이 있어요.

명사 설전 (혀 舌 + 싸움 戰)
말로 옳고 그름을 다툼. 말다툼.
→ 후보자들이 자신들의 정책을 놓고 한바탕 **설전**을 벌였다.

명사 입씨름
말로써 서로 다투는 일.
→ 계속되는 **입씨름** 끝에 결국 주먹이 오고 가고 말았다.

'입씨름'은 '행동은 하지 않고 말로만 애를 써서 하는 일'이란 뜻도 있어요. "입씨름을 계속했지만, 진전이 없어서 회의를 끝냈다."처럼 쓸 수 있어요. '설전', '입씨름'과 비슷한 말로는 '입싸움', '말싸움', '언쟁' 등이 있어요.

42

어맛! 말맛 살리는 **어휘 양념 퀴즈**

※ 아래 빈칸에 어울리는 말을 고르세요.

❶ "나는 적의 약점을 쉽게 ☐☐☐☐ 편이다."

힌트 1 '겉으로 드러나지 않은 점을 꿰뚫어 알아채다'의 뜻이에요.
힌트 2 비슷한 말로는 '알아차리다'가 있어요.

① 공략하는　　② 간파하는　　③ 제거하는

❷ "요즘은 만화책보다 웹툰이 ☐☐야."

힌트 1 '일이 어떤 방향으로 진행되어 가는 결정적인 흐름'을 말해요.
힌트 2 비슷한 말로는 '유행', '형세' 등이 있어요.

① 대세
② 연세
③ 대수

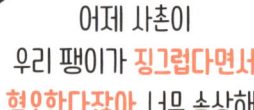

 이런 뜻이 있어요

형용사: 징그럽다
보거나 만지기에 소름이 끼칠 정도로 끔찍하고 흉하다.

→ 주변에 벌레를 보고 **징그럽다고** 하는 사람이 꽤 많더라.

형용사: 볼썽사납다
어떤 사람이나 사물의 모습이 보기에 역겹다.

→ 온갖 욕설을 하며 싸우는 그들의 모습이 **볼썽사나웠다.**

생김새나 모습이 눈에 거슬리고 마음에 들지 않을 때 쓰는 어휘예요. '징그럽다'는 '하는 행동이 유들유들하고 역겹다'의 뜻도 있어요. 이럴 때는 "그 사람은 목소리조차 징그러웠다."처럼 표현할 수 있어요. '고약하다', '끔찍하다' 등과 의미가 통해요.

동사: 미워하다
마음에 들지 않거나 싫은 생각을 행동으로 나타내다.

→ 도대체 무슨 이유로 그렇게 동생을 **미워하니?**

동사: 혐오하다
(싫어할 嫌 + 미워할 惡)
싫어하고 미워하다.

→ 언제부턴가 **혐오한다는** 말을 너무 쉽게 내뱉는 것 같아.

'미워하다'는 누군가를 밉게 여기는 거예요. 여기에 싫어하는 감정을 더욱 강조한 '혐오하다'라는 표현도 많이 써요. 비슷한 말로는 '증오하다'가 있어요. '혐오하다'에 '지극할 극(極)'을 붙여 '몹시 미워하고 싫어하다'의 뜻으로 '극혐오하다'라고도 쓰는데, 이 말은 정도가 지나친 감이 있어요.

 이런 뜻이 있어요

부사		부사
뜬금없이 갑작스럽고도 엉뚱하게. → **뜬금없이** 그건 또 무슨 소리야?	=	**불현듯이** 어떤 행동을 갑작스럽게 하는 모양. → 첫사랑의 추억이 **불현듯이** 떠올랐다.

　어떤 행동이나 생각을 갑자기 하거나 떠올리는 걸 나타내는 어휘예요. '뜬금없이'는 엉뚱한 느낌이 살짝 들어 있고, '불현듯이'는 '불을 켜서 불이 일어나는 것 같다'의 뜻으로 생각이 걷잡을 수 없이 일어날 때도 써요. 비슷한 말로는 '난데없이', '느닷없이' 등이 있어요. '불현듯이'를 '불연듯이'로 쓰지 않도록 주의하세요.

명사		명사
말솜씨 말하는 재주. → **말솜씨**가 없어도 회장이 되었다는 거 아니냐.	=	**언변** (말씀 言 + 말 잘할 辯) 말을 잘하는 솜씨. → 7세 막냇동생의 유창한 **언변**에 다들 깜짝 놀랐어.

　말을 조리 있게 잘하는 것을 보면 '말솜씨' 또는 '언변'이 좋다고 해요. 비슷한 말에는 '말재주', '말주변', '화술', '구변' 그리고 '입담'이 있어요.

어맛! 말맛 살리는 **어휘 양념 퀴즈**

※ 아래 빈칸에 어울리는 말을 고르세요.

❶ "글솜씨가 뛰어난 이모가 이번에 소설로 ☐☐을 했어."

힌트 1 '문단에 공식적으로 처음으로 참가함. 또는 정식으로 문인의 자격을 얻음'을 뜻해요.

힌트 2 비슷한 말로 '데뷔', '등장' 등이 있어요.

① 등산　　　② 결단　　　③ 등단

❷ "교장 선생님의 ☐☐☐에 혀를 내둘렀다."

힌트 1 '막힘없이 길게 잘하는 말솜씨'를 뜻해요.

힌트 2 '쓸데없이 지겹게 늘어놓는 말'을 의미하기도 해요.

① 장시간
② 장광설
③ 열애설

 이런 **뜻**이 있어요

상투적
명사·관형사

(항상 常 + 덮개 套 + 과녁 的)
늘 사용하여 버릇이 되다시피 한, 또는 그러한 것.

→ 그 영화엔 **상투적인** 장면이 자주 나와.

습관적
명사·관형사

(익힐 習 + 버릇 慣 + 과녁 的)
버릇이 되어 있는, 또는 그러한 것.

→ 너 지금 반찬 투정을 **습관적**으로 하고 있는 것 같은데.

'상투적'과 '습관적' 모두 '버릇'과 연관이 있어요. 계속하다 보니 버릇처럼 배어 버린 거예요. 별생각 없이 지금까지 해 오던 대로 행동하거나 생각한다는 점에서 '관습적', '기계적'이란 말과도 통해요.

맞장구치다
동사

남의 말에 옳다고 덩달아 호응하거나 동의하다.

→ 신입 사원이 사장님 농담에 **맞장구 치면서** 아부를 떨었다.

동조하다
동사

(같을 同 + 고를 調)
다른 사람의 말이나 생각, 주장 등을 옳게 여겨 따르다.

→ 토론자의 논리적인 말에 고개를 끄덕이며 **동조했다**.

'맞장구'는 '맞장단'이라고도 하는데, '둘이 마주 서서 장구를 주거니 받거니 치는 일'이에요. 즉, 다른 사람의 장단과 호흡에 맞추어 장구를 치다 보니, 점차 '남의 말에 호응하다'의 뜻을 가지게 된 거예요. '동조하다' 또한 남의 주장에 자기 생각을 일치시키는 것으로, 비슷한 말에는 '공감하다', '찬성하다' 등이 있어요.

 이런 뜻이 있어요

형용사

맹랑하다
(맏 孟 + 물결 浪)

하는 짓이 만만히 볼 수 없을 만큼 똑똑하고 깜찍하다.

→ 말대꾸하다니, 너 진짜 **맹랑하구나**.

형용사

잔망스럽다

사람이나 말투가 얄미울 정도로 맹랑한 데가 있다.

→ 그 집 손녀딸은 어린애가 여간 **잔망스럽지** 않아.

본래 '맹랑하다'는 '처리하기가 어렵거나 난처하다', '이치에 맞지 않다'란 뜻이 있어요. '잔망스럽다'는 '보기에 몹시 가냘픈 데가 있다', '행동이 가벼운 데가 있다'의 의미가 있지요. 이 두 어휘를 비슷하게 사용하는 상황은 '깜찍함'이 느껴질 때랍니다.

형용사

언짢다

마음에 들지 않거나 기분이 좋지 않다.

→ 오늘따라 **언짢은** 일이 꽤 있었어.

형용사

거북하다

마음이 불편하거나 어색하다.

→ 네 말 듣기가 **거북한데** 그만할래?

기분 좋지 않고 불쾌할 때 쓰는 표현이에요. '거북하다'의 경우, '몸이 찌뿌드드하고 괴로워서 움직임이 자유롭지 못하다'라는 뜻도 있어요. 이럴 때는 보통 "속이 거북해서 점심을 걸렀어."처럼 표현해요. 두 어휘와 비슷한 말로는 '못마땅하다', '편찮다', '불편하다' 등이 있어요.

어맛! 말맛 살리는 **어휘 양념 퀴즈**

※ 아래 빈칸에 어울리는 말을 고르세요.

❶ "잘난 체하는 꼴이 정말 ☐☐이야."

힌트 1 본래는 '경치 따위가 아주 볼만하다'의 뜻이에요.
힌트 2 '꼴이 볼만하다'의 뜻으로 남의 말이나 상태를 비웃을 때 쓰는데, 이때는 '꼴불견'과 의미가 통해요.

① 가관   ② 기관   ③ 무관

❷ "별거 아닌 일에 ☐☐☐☐ 걸 보니까 왠지 수상한데?"

힌트 1 '사소한 일에 왈칵 성을 내다'의 뜻이에요.
힌트 2 '뒤집어엎을 듯이 시끄러워지다'의 의미도 있어요.

① 발사하는
② 발끈하는
③ 발전하는

가로풀이

② '꼴이 볼만하다'의 뜻으로, 남의 말이나 상태를 비웃는 의미로 쓰임.
③ 어떤 일에 대해 전문적인 지식이 없는 사람.
⑤ 행동은 하지 않고 말로만 애를 써서 하는 일.
⑦ 문단에 공식적으로 처음으로 참가함. 또는 정식으로 문인의 자격을 얻음.
⑧ 그해에 새로 난 쌀.
⑩ (1) 씨름이나 택견에서 발로 상대의 다리를 쳐 넘어뜨리는 기술.
   (2) 이미 동의하거나 약속한 일에 대하여 딴전을 부림을 비유적으로 이르는 말.
⑫ 막힘없이 길게 잘하는 말솜씨.
⑬ 목표한 일을 이루기 위해 몹시 애쓰는 힘.
⑮ 말을 전함. 또는 그 말.

세로풀이

① 어떤 분야에 대하여 일정한 경지에 오른 안목이나 견해.
④ 입에 음식물이 가득 찬 상태.
⑥ 무서운 말과 행동으로 으르고 협박하는 짓.
⑦ 몹시 귀찮게 괴롭히는 짓. 성화.
⑨ 행동이나 사고방식이 엉뚱하고 바보 같은 사람.
   '돼지감자'를 가리키는 말.
⑪ 많은 사람의 관심 또는 사회적 주목과 인기.
⑫ 오랜 기간.
⑭ 말로 옳고 그름을 다툼. 말다툼.
⑯ 말을 잘하는 솜씨.

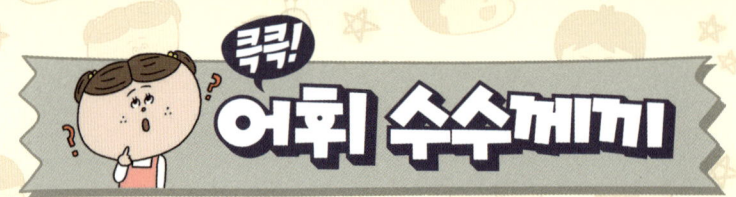

❶ 허풍쟁이들만 모이는 거리는?

❷ "미워, 미워, 미워."를 넉 자로 줄이면?

❸ 탈 중에 쓰지 못하는 탈은?

❹ 사람이 살면서 가장 많이 내는 소리는?

❺ 사람들이 가장 혐오하는 색은?

❻ 어른들이 습관적으로 먹는 피는?

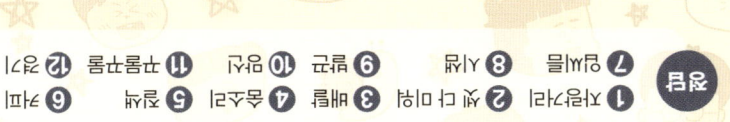

정답
1 자동차기 2 샀다 미안 3 배들 4 응그니 5 갈비 6 치마
7 용실 8 시내 9 여름 10 쌀국수 11 쿠르룰룸 12 장기

7 힘이 없는 사람도 말만 잘하면 이기는 씨름은?

8 샘은 샘인데 질투하는 샘은?

9 화가 난 사람이 찾는 끈은?

10 신은 신인데, 못 신고 창피만 당하는 신은?

11 게으른 사람들이 좋아하는 물은?

12 풀리면 풀릴수록 좋은 것은?

반대의 맛
반의어

2장

형용사 | 신나다
흥이 나고 기분이 아주 좋아지다.

→ 대회에서 이기자 우리 모두 **신나서** 펄쩍펄쩍 뛰었다.

형용사 | 무료하다
(없을 無 + 귀 울릴 聊)
흥미나 의욕이 없어 지루하고 심심하다.

→ 모처럼 쉬는 날인데 **무료하게** 보냈다.

'신나다'는 기분이 좋고 뭔가 기대가 되는 감정이에요. 반대말 '무료하다'는 '재미없다', '심심하다'와 뜻이 통해요. 뭔가에 대한 기대감이 없어서 지루할 수밖에 없지요.

형용사 | 까탈스럽다
사람의 성격이나 취향이 원만하지 않아서 마음에 들도록 행동하기 어렵다.

→ **까탈스럽고** 예민해서 주변에 사람이 없다.

형용사 | 무던하다
성격이 너그럽고 까다롭지 않다.

→ 민수는 성격이 **무던해서** 친구들과 잘 지낸다.

'까탈스럽다'는 '조건이나 방법이 복잡하고 엄격하여 다루기 쉽지 않다'의 뜻이 있어요. 그럴 때는 "운전하기에 까탈스러운 코스이다."처럼 써요. '무던하다'는 '정도가 적당하거나 그보다 약간 더하다'란 의미로 쓰일 때가 있어요. "날씨가 무던하다.", "욕심이 무던하다."처럼 쓰지요.

 이런 **뜻**이 있어요

명사

고가 (높을 高 + 값 價)
비싼 가격.

→ 학교에 **고가**의 제품을 가져오지 말길 바란다.

명사

헐값 (쉴 歇-)
원래의 가격보다 매우 저렴한 값.

→ **헐값**에 사서 고가에 파는 게 장사꾼의 수완이지.

'고가'는 말 그대로 높은 가격이에요. 반대로 싼값을 뜻하는 말에는 '헐값', '저가', '헐가'가 있어요. 참고로 '염가'는 '싸게 매긴 가격'을 말해요.

명사

떨이
팔다가 남은 물건을 모두 한꺼번에 싸게 파는 일. 또는 그 물건.

→ 손님이 할머니가 **떨이**로 내놓은 나물을 다 샀다.

명사

마수걸이
장사하는 사람이 하루에 처음으로 물건을 팖.

→ **마수걸이**도 하기 전에 환불하러 오는 사람이 있었다.

'마수걸이'는 맨 처음 물건을 파는 일로, '마수'라고도 해요. '시장을 처음 열어 물건 매매를 시작함'을 뜻하는 '개시'와 뜻이 통해요. 반대말 '떨이'는 팔다가 남은 물건을 다 떨어서 파는 것에서 비롯됐어요. 참고로 '땡처리'란 말도 있는데, 이는 '재고품을 급히 판매함'을 뜻해요.

어맛! 말맛 살리는 **어휘 양념 퀴즈 ①**

"ㅅ,ㅅ을 베풀어 친구의 부탁을 들어주었지."

- **힌트 1** '다른 사람을 돕거나 너그럽게 베푸는 마음'을 말해요.
- **힌트 2** 본래는 '착한 마음'이에요.

어맛! 말맛 살리는 **어휘 양념 퀴즈 ②**

"그 애는 선심을 쓰는 척하면서 자기 ㅅ,ㅅ만 차렸어."

- **힌트 1** '겉으로 드러나지 않는 실제의 이익'을 말해요.
- **힌트 2** '군더더기 없이 실제로 핵심이 되는 내용'을 말하기도 해요.
- **힌트 3** '실제로 품고 있는 마음'을 뜻하기도 해요.

우연과 필연

이런 뜻이 있어요

명사
희극 (기쁠 喜 + 심할 劇)
남의 웃음거리가 될 만한 일이나 사건.

→ 들어 봐, 그 일은 정말 웃지 못할 **희극**이야.

명사
비극 (슬플 悲 + 심할 劇)
매우 슬프고 비참한 일.

→ 한 가정의 비극이 국가의 **비극**으로까지 이어졌다.

'희극'은 본래 '웃음을 중심으로 하여 인간과 사회의 문제점을 경쾌하고 재미있게 다룬 연극이나 극 형식'을 말해요. '비극'은 '슬프거나 비참한 결말로 끝나는 극'이지요. 이 두 어휘를 삶의 기쁨과 슬픔에 비유해 쓰는 거예요.

형용사
우묵하다
가운데가 둥그스름하게 푹 패거나 들어가 있는 상태이다.

→ 자판기 가운데가 **우묵하게** 꺼져 있어.

형용사
볼록하다
물체의 겉 부분이 두드러지거나 튀어나와 있는 상태이다.

→ 가방이 **볼록한** 걸 보니 뭔가 들었군.

'우묵하다'는 가운데가 조금 둥글게 깊숙한 것으로, 작은말은 '오목하다'예요. 반대말 '볼록하다'는 물체의 거죽이 쑥 나온 것으로 작은말은 '볼록하다'예요.

동사: 방심하다
(놓을 放 + 마음 心)

긴장이 풀려 마음을 다잡지 않고 놓아 버리다.

→ 잠깐 **방심한** 틈을 노려 도망쳤다.

동사: 긴장하다
(팽팽할 緊 + 베풀 張)

마음을 놓지 않고 정신을 바짝 차리다.

→ 발표회에서 몹시 **긴장한** 나머지 방귀를 뀌었다.

'긴장하다'는 마음을 바짝 조이는 뜻 말고도 '몸의 근육이나 신경이 지속해서 움츠러들거나 흥분하다'의 뜻도 있어요. '방심하다'는 긴장하거나 조심하지 않고 마음을 놓는 거예요.

명사: 우연 (짝 偶 + 그럴 然)

마땅한 이유나 인과 관계가 없이 어쩌다가 일어난 일.

→ 친구와 똑같은 옷을 입고 등교한 건 **우연**이었다.

명사: 필연 (반드시 必 + 그럴 然)

어떤 일의 결과나 사물의 관계가 반드시 그렇게 될 수밖에 없음.

→ 네가 그동안 열심히 공부했으니, 합격은 **필연**이었다고 본다.

'우연'은 뜻하지 않게 일어난 일이에요. 참고로 '예기치 않게 우연히 발생함'은 '우발'이라고 해요. '필연'은 그렇게 될 수밖에 없는 것으로 '꼭', '반드시' 등과 비슷한 의미예요.

어맛! 말맛 살리는 **어휘 양념 퀴즈 ①**

"주운 물건은 ㅂ ㅅ ㅁ 보관소에 신고했어."

두룡이 형 거 맞구나.
찾아줘서 고마워.

- 힌트 1 '잃어버린 물건'을 의미해요.
- 힌트 2 비슷한 말에는 '유실물'이 있어요.

어맛! 말맛 살리는 **어휘 양념 퀴즈 ②**

"억울한 일이 있다며 내게 ㅎ ㅅ ㅇ 을 늘어놓았다."

- 힌트 1 '억울하고 딱한 사정 등을 다른 사람에게 간절하게 말함'을 뜻해요.
- 힌트 2 비슷한 말에는 '넋두리', '사정사정', '신세타령' 등이 있어요.

정답 ❶ 분실물 ❷ 하소연

유창하다 (형용사)
(흐를 流 + 화창할 暢)
말을 하거나 글을 읽을 때 거침이 없다.

→ 외국인이 한국어를 참 **유창하게** 잘 하는구나.

어눌하다 (형용사)
(말씀 語 + 말 더듬거릴 訥)
말을 잘하지 못하고 떠듬떠듬하는 면이 있다.

→ **어눌하게** 말하지 말고 똑바로 대답해 봐.

말을 더듬거리거나 말끝을 흐릴 때 '어눌하다'라고 해요. 그 반대의 뜻이 '유창하다'예요. 말이 막힘 없이 자연스럽게 나오는 것이지요. 비슷한 말에는 '거침없다', '매끄럽다' 등이 있어요.

관대하다 (형용사)
(너그러울 寬 + 큰 大)
마음이 넓고 이해심이 많다.

→ 친구를 **관대하게** 용서해 주면 안 되겠니?

엄격하다 (형용사)
(엄할 嚴 + 격식 格)
말, 태도, 규칙 등이 매우 엄하고 철저하다.

→ 나는 **엄격한** 부모 밑에서 자랐다.

'관대하다'는 '너그럽고 크다'의 뜻이에요. 반대 의미로 쓰이는 '엄격하다'는 '빈틈이 없고 위엄이 있으며 냉정하다'의 뜻이에요. 비슷한 말로는 '엄정하다', '엄하다', '삼엄하다' 등이 있어요.

 이런 뜻이 있어요

명사·관형사

주관적
(주인 主 + 볼 觀 + 과녁 的)
자기 생각이나 관점을 기준으로 하는, 또는 그러한 것.

→ 이건 아무래도 선생님의 **주관적**인 견해가 아닐까 해.

명사·관형사

객관적
(손님 客 + 볼 觀 + 과녁 的)
개인의 생각이나 감정에 치우치지 않고 사실이나 사물을 있는 그대로 보거나 생각하는, 또는 그러한 것.

→ 공정하고 **객관적**인 평가를 해 줘.

'주관적'은 개인의 생각이 중심이 되는 관점이에요. 비슷한 말로는 '독단적', '자의적'이 있어요. 반대말인 '객관적'은 어떤 사건이나 사물에 관해 자기 생각을 제외하고 보는 거예요.

명사

도움
다른 사람을 돕는 일.

→ 내가 너에게 작게나마 **도움**이 되었으면 좋겠어.

명사

방해 (방해할 妨 + 해로울 害)
일이 제대로 되지 못하게 간섭하고 막음.

→ 돕지는 못할망정 내가 하는 일에 **방해**나 되지 말아 줘.

'도움'은 어떤 일이 잘되도록 거들어 주는 거예요. 비슷한 말에는 '조력', '이바지' 등이 있어요. '방해'는 남의 일이 잘못되게 하거나 아예 못 하게 하는 거예요. 비슷한 말에는 '거리낌', '훼방'이 있어요.

68

어맛! 말맛 살리는 **어휘 양념 퀴즈 ①**

"말하는 연습을 많이 해서
ㄷ ㅂ 이 될 거야."

힌트 1 '말을 능숙하고 막힘없이 잘하는 사람'을 가리키는 말이에요.

힌트 2 비슷한 말에는 '○○가', '능변'이 있어요.

어맛! 말맛 살리는 **어휘 양념 퀴즈 ②**

"청소할 때만 사라지는 그 애,
정말   이야."

힌트 1 '마음에 들지 않는 행동, 또는 그렇게 하는 사람'을 말해요.

힌트 2 원래는 '못생긴 얼굴'을 뜻해요.

| 동사 **등산하다** (오를 登 + 뫼 山) 산에 오르다. → 아빠는 매주 친구들과 **등산하러** 간다. | 동사 **하산하다** (아래 下 + 뫼 山) 산에서 내려오다. → **하산할** 때 넘어지지 않도록 주의해라. |

'등산하다'와 비슷한 말에는 '정상에 이르기 위해 기어오르다'를 뜻하는 '등반하다'가 있어요. 좀 더 전문적인 느낌이 나요. '하산하다'는 '산에서의 수련 생활을 그만두다'란 뜻이 있어요. 이때는 산에서 도를 닦는 것을 멈추고 세상으로 내려간다는 의미랍니다.

| 명사 **해돋이** = **일출** (해 日 + 날 出) 해가 막 솟아오르는 때. 또는 그런 현상. → 새해 첫날, 동해에 가서 **해돋이**를 봤다. | 명사 **해넘이** = **일몰** (해 日 + 잠길 沒) 해가 막 넘어가는 때. 또는 그런 현상. → 여기는 **해넘이** 광경이 예술이군. |

'해돋이'는 '해가 뜸'을 뜻하는 '일출', '해뜨기'와 바꾸어 쓸 수 있어요. '해넘이'는 '해가 짐'을 뜻하는 '일몰', '일진'과 대체해 쓸 수 있지요.

 이런 뜻이 있어요

굼뜨다 (형용사)
동작, 진행 과정 따위가 답답할 만큼 매우 느리다.

→ 행동이 그렇게 **굼떠서** 어쩌려고 그래?

날래다 (형용사)
움직임이 나는 듯이 빠르다.

→ 나는 몸이 **날랜** 편이어서 방어를 잘한다.

'굼뜨다'는 한마디로 몹시 느린 거예요. 비슷한 말에는 '느릿느릿하다'가 있어요. 반대로 '날래다'는 마치 나는 듯이 빠른 거예요. '똘똘하고 날래다'의 뜻을 가진 '빠릿빠릿하다'와 대체해 쓸 수 있어요.

직접 (명사) (곧을 直 + 접할 接)
중간에 다른 사람이나 물건 등이 끼어들지 않고 바로 연결되는 관계.

→ 이 마카롱 내가 **직접** 만든 거니까 아껴 먹어.

간접 (명사) (사이 間 + 접할 接)
둘이 바로 연결되지 않고 중간에 다른 것을 통해서 이어짐.

→ 삶에서 독서를 통한 **간접** 경험도 꽤 중요하다.

'간접'과 '직접'은 다른 사람이 중간에 끼어드느냐, 아니냐에 따라 나뉘어요. 중간에 누군가 끼어 있거나 매개체를 거치면 그건 간접이에요. 직접은 '아무것도 거치지 않고 바로'이지요.

어맛! 말맛 살리는 **어휘 양념 퀴즈 ①**

"영이는 ㅈ ㄱ ㅇ 으로 산에 올랐다."

힌트 1 '보폭이 짧고 빠른 걸음'을 말해요.
힌트 2 비슷한 말에는 '빠른 걸음'을 뜻하는 '속보'가 있어요.
힌트 3 참고로 '잔걸음'은 '발걸음을 자주 작게 떼면서 걷는 걸음'이에요.

어맛! 말맛 살리는 **어휘 양념 퀴즈 ②**

"선생님의 충고는 제게 좋은 ㄱ ㅈ ㅇ 가 돼요."

힌트 1 '어떤 목적을 이룰 수 있도록 이끌어 주는 지침'을 비유적으로 이르는 말이에요.
힌트 2 본래는 '앞에 나서서 길을 안내해 주는 사람이나 사물'로, '길라잡이'라고도 해요.

정답 ① 종종걸음 ② 길잡이

꾀죄죄하다
옷차림이나 모양새가 지저분하고 초라하다.

➜ 흙투성이에 **꾀죄죄한** 모습으로 나타났다.

말쑥하다
장소나 옷차림 등이 지저분하지 않고 깨끗하다.

➜ 결혼식장에서 삼촌이 **말쑥한** 차림으로 서 있었다.

'꾀죄죄하다'와 비슷한 말에는 '궁상맞다'가 있어요. 또 '하는 짓이 좀스럽고 옹졸하다'의 뜻도 있어서 "꾀죄죄한 짓거리가 따로 없군."처럼 쓰기도 해요. 반대말 '말쑥하다'는 옷차림이 깨끗하다는 뜻 외에도 '세련되고 아담하다'의 의미도 있어요.

눅눅하다
축축한 기운이 약간 있다.

➜ 장마철이라 그런가, **눅눅한** 바람이 불어왔다.

보송하다
물기가 없고 보드랍다.

➜ 난 햇볕에 바짝 말린 **보송한** 이불 위에서 자는 게 소원이야.

'눅눅하다'는 '물기나 기름기가 있어 딱딱하지 않고 무르며 부드럽다'의 뜻도 있어요. '눅진하다'가 비슷한 말이에요. '보송하다'는 '솜털 같은 작고 보드라운 것이 돋아 있다'의 뜻도 있어요. 이럴 때는 '귓불에 솜털이 보송보송한 학생들'처럼 표현해요. 비슷한 말에는 '보송보송하다', '뽀송하다'가 있어요.

 이런 뜻이 있어요

형용사 — 허술하다
꼼꼼하지 못하고 빈틈이 있다.
→ 아파트 경비가 허술해서 도둑이 자주 든다.

형용사 — 치밀하다
(빽빽할 緻 + 빽빽할 密)
자세하고 꼼꼼하다.
→ 치밀하게 계산하고 나서 일을 처리했다.

'허술하다'는 엉성하고 틈새가 있다는 뜻 말고도 '낡고 헐어서 보잘것없다', '태도나 행동이 무심하고 소홀하다'의 뜻도 있어요. '치밀하다'는 '빽빽하다', '정교하다'와 뜻이 통해요. 그리고 옷감이나 조직 같은 것이 '아주 곱고 촘촘하다'의 의미도 있어요.

형용사 — 드물다
일어나는 횟수가 많지 않다.
→ 깊은 산에 가면 드물게 반딧불이를 볼 수 있다.

형용사 — 빈번하다
(자주 頻 + 많을 繁)
어떤 일이나 현상이 생기는 횟수가 잦다.
→ 그 도로는 사고가 빈번해서 지나다니기 위험하다.

'드물다'는 '흔하지 않다', '간격이 좁지 않다'의 뜻도 있어요. '빈번하다'는 사건의 발생 횟수가 많은 것으로, 비슷한 말에는 '빈빈하다'가 있어요.

어맛! 말맛 살리는 **어휘 양념 퀴즈 ❶**

"⬛ ⬛ 부리지 말고 좀 얌전하게 있어 줘."

- **힌트 1** '어떤 행동으로부터 불거지는 달갑지 않은 시비 또는 불쾌한 일'을 뜻해요.
- **힌트 2** 비슷한 말에는 '골칫거리'가 있어요.

어맛! 말맛 살리는 **어휘 양념 퀴즈 ❷**

"그 애가 ⬛ ⬛ ⬛ 에 사랑을 고백했지 뭐야."

- **힌트 1** '의식하지 못하거나 알지 못하는 사이'를 말해요.
- **힌트 2** 비슷한 말로는 '남이 모르는 사이'란 뜻의 '암암리'가 있어요.

가로풀이

① 남의 웃음거리가 될 만한 일이나 사건.
③ 숨기고 있어 남이 모르는 일.
④ 말하는 사람이 자기와 듣는 사람 또는 이를 포함한 여러 사람을 가리키는 말.
⑤ 책을 파는 가게.
⑦ 해가 막 솟아오르는 때. 또는 그런 현상.
⑩ 잃어버린 물건.
⑪ 파의 한 종류. 흰색과 녹색으로 이루어진 길쭉한 막대 모양의 채소.
⑫ 중간에 다른 사람이나 물건 등이 끼어들지 않고 바로 연결되는 관계.
⑬ 마음을 놓지 않고 정신을 바짝 차림.
⑮ 진짜인 물건.
⑯ 마음에 들지 않는 행동. 또는 그렇게 하는 사람.

세로풀이

② 다른 사람들에게 전혀 알려지지 않은 가운데.
④ 마땅한 이유 없이 어쩌다가 일어난 일.
⑥ 일이 제대로 되지 못하도록 간섭하고 막음.
⑧ 팔다가 남은 물건을 모두 한꺼번에 싸게 파는 일. 또는 그 물건.
⑨ 순간적인 자기 기분에 따라 행동하는 사람.
⑪ 상대방이 마땅히 받아야 할 만한 예로 대함. 손님 ○○.
⑫ 돈을 받고 일하는 곳. 일터.
⑭ 물이 뭔가에 부딪히면서 생기는 거품.
⑮ 진귀한 물건이나 지방의 특산물 따위를 임금에게 바침.

이런 뜻이 있어요

반대의 맛

명사 **공용** (함께 共 + 쓸 用)
다른 사람과 함께 사용함. 또는 그런 물건.
→ 영이는 평소 남녀 공용 옷을 즐겨 입는 편이야.

명사 **전용** (오로지 專 + 쓸 用)
남과 공동으로 사용하지 않고 혼자서만 사용함.
→ 세계적인 스타가 전용 비행기를 타고 해외로 나갔다.

'공용'은 여러 사람이 함께 사용하는 거예요. 비슷한 말에는 '겸용'이 있어요. 반대말 '전용'은 혼자만 쓰는 것 외에 '특정한 목적으로 사용하거나 특정한 부류의 사람만 씀'이란 뜻도 있어요. '어린이 전용', '버스 전용 차선' 등이 그래요. 또 '한글 전용'이라고 할 때는 '오직 한글만 사용함'이란 뜻이랍니다.

형용사 **분주하다** (달아날 奔 + 달릴 走)
정신이 없을 정도로 매우 바쁘다.
→ 아침부터 왜 이렇게 분주한지 정신이 하나도 없네.

형용사 **한가하다** (한가한 閑 + 겨를 暇)
바쁘지 않고 여유가 있다.
→ 나 오늘 한가한데 우리 만나서 영화나 볼래?

'분주하다'는 바빠서 수선스러운 거예요. 그리고 '몹시 바쁘게 뛰어다니다'의 동사로도 쓰여요. "엄마가 재촉하는 바람에 분주하다가 넘어졌다."처럼 쓰지요. 반대말 '한가하다'는 '시간의 여유가 있어 한가하다'의 뜻을 가진 '유한하다', '여유롭다' 등과 의미가 통해요.

81

이런 뜻이 있어요

귀농하다 〔동사〕
(돌아올 歸 + 농사 農)

다른 직업을 가지고 있다가 농사를 지으려고 시골로 가다.

→ **귀농한** 젊은이들이 농촌에서 활약하고 있다.

이농하다 〔동사〕
(떠날 離 + 농사 農)

농민이 짓던 농사를 그만두고 농촌을 떠나다.

→ 할아버지는 언제 도시로 **이농해서** 장사를 하신 거예요?

'귀농하다'는 보통 도시에서 다른 일을 하다가 농촌으로 농사를 지으러 가는 걸 말해요. 비슷한 말로는 '벼슬을 관두고 시골로 가서 농사를 짓다'를 뜻하는 '귀경하다'가 있어요. 반대로 농사일을 접고 도시로 와서 직업을 구하기도 해요. 이를 '이농하다'라고 해요.

분담하다 〔동사〕
(나눌 分 + 멜 擔)

일이나 책임, 비용 등을 나눠서 맡다.

→ 앞으로는 가족이 가사를 **분담해서** 하자.

전담하다 〔동사〕
(온전할 全 + 멜 擔)

어떤 일이나 비용을 전부 맡거나 부담하다.

→ 내가 여행비를 **전담할** 테니 같이 갈래?

'분담하다'는 일, 역할, 비용 따위를 나누는 것으로, 이 중 일을 나누어 처리할 때는 '분장하다', '분임하다'라는 말로 대체해서 써요. '전담하다'는 전부 다 맡는 거예요. 비슷한 말로는 '전당하다'가 있어요.

어맛! 말맛 살리는 **어휘 양념 퀴즈**

※ 아래 빈칸에 어울리는 말을 고르세요.

❶ "가을이 되니 농부들이 ☐☐☐☐를 하느라 바쁘다."

힌트 1 '가을에 익은 곡식을 거둬들임'을 뜻해요.
힌트 2 비슷한 말로 '추수'가 있어요.

① 덩굴걷이　　② 가을걷이　　③ 소매걷이

❷ "그동안 했던 온갖 노력이 ☐☐☐이 되었다."

힌트 1 '노력이 헛되이 된 상태'를 비유적으로 이르는 말로, 비슷한 말로 '헛수고', '수포' 등이 있어요.
힌트 2 본래는 '물이 다른 물이나 물체에 부딪쳐서 생기는 거품'을 말해요.

① 물바람
② 게거품
③ 물거품

흑! 귀농의 꿈은 물거품이 됐다.
왜?
아빠가 벌레를 무서워하거든.

정답 ❶ ② ❷ ③

 이런 **뜻**이 있어요

> 반대의 말

동사 **알아주다**
남의 마음이나 사정을 이해하다.
→ 나를 **알아주는** 사람은 역시 너밖에 없다니까.

동사 **몰라주다**
다른 사람의 사정이나 마음을 이해하지 못하다.
→ 내 마음을 **몰라주다니**, 실망이야.

'알아주다'는 다른 사람이 처한 사정을 이해하는 일 외에도 '남의 장점이나 능력을 인정하다', '어떤 사람의 특이한 성격을 인정하다' 등의 뜻이 있어요. 그래서 "사람들이 내 능력을 알아줬다.", "그 친구는 알아주는 괴짜야."처럼 쓰지요. 그 반대말이 '몰라주다'예요.

명사 **농담** (희롱할 弄 + 말씀 談)
장난으로 남을 놀리거나 웃기려고 하는 말.
→ **농담**이라고 한 말에 모두 기분이 상했다.

명사 **진담** (참 眞 + 말씀 談)
진심에서 우러나온 참된 말.
→ 지오는 민지의 농담을 **진담**으로 듣고 화를 냈다.

'농담'은 실없이 장난으로 하는 말로, 비슷한 말에는 '농', '농언' 등이 있어요. 반대말 '진담'은 진심이 담겨 있는 말이에요. 참고로 '농반진반'이란 말이 있는데, 이는 '농담이 반이고 진담이 반'이라는 뜻이에요. '어떤 말의 의미가 거짓일 수도 진실일 수도 있을 때'를 표현하는 말이랍니다.

 이런 뜻이 있어요

이상적 (명사·관형사)
(다스릴 理 + 생각 想 + 과녁 的)
생각할 수 있는 범위 중에서 가장 완전하다고 여겨지는, 또는 그러한 것.

→ 내가 생각하는 가장 **이상적**인 사람은 바로 너야.

현실적 (명사·관형사)
(나타날 現 + 열매 實 + 과녁 的)
현재 실제로 있거나 이루어질 수 있는, 또는 그러한 것.

→ 그 일이 진짜 이루어질 수 있는지 **현실적**으로 생각해 봐.

'현실적'은 '실제로 얻을 수 있는 이익 등을 중요하게 여기는 것'이란 뜻도 있어요. "지오는 아주 현실적이고 계산이 빠른 친구이다."처럼 쓸 수 있어요. 참고로 '현실적'의 반대말에는 '비현실적'도 있어요. '현실과 동떨어진 것'을 뜻하지요.

유용하다 (형용사)
(있을 有 + 쓸 用)
쓸모가 있다.

→ 이거 정말 **유용한** 자료가 되겠어.

쓸데없다 (형용사)
아무런 쓸모나 값어치가 없다.

→ 이 장식품은 진짜 **쓸데없는** 사치인 것 같은데.

'유용하다'와 비슷한 말에는 '값있다'가 있어요. 반대말인 '쓸데없다'와 비슷한 말로는 '무용하다', '쓸모없다', '소용없다', '무익하다', '무가치하다' 등 여러 가지가 있으니, 다양하게 표현해 보세요.

어맛! 말맛 살리는 **어휘 양념 퀴즈**

※ 아래 빈칸에 어울리는 말을 고르세요.

❶ "너의 따끔한 ☐☐ 가
　　큰 도움이 되었어."

힌트 1 '남의 허물이나 잘못을 진심으로 타이르는 말'을 뜻해요.
힌트 2 비슷한 말로 '조언', '충언'이 있어요.

① 충고
② 유머
③ 개그

❷ "그동안 왜 그렇게
　　☐☐☐☐ 버텼는지 몰라."

힌트 1 '무엇을 이루기 위해 애를 쓰거나 우겨 대는 모양'을 뜻해요.
힌트 2 비슷한 말로는 '아득바득', '애면글면' 등이 있어요.

① 야금야금　　② 아등바등　　③ 설렁설렁

명사·관형사 — 호의적
(좋을 好 + 뜻 意 + 과녁 的)
좋게 생각하는, 또는 그러한 것.

→ 선생님은 항상 나를 **호의적**으로 평가해 주셔.

명사·관형사 — 적대적
(원수 敵 + 대답할 對 + 과녁 的)
적으로 생각하는, 또는 그러한 것.

→ 그렇게 **적대적**으로 대하지 말고 서로 얘기를 해 보면 어때?

'호의'는 '좋은 마음씨'예요. 그래서 '호의적'이라 하면 다른 사람을 좋게 생각해 주는 것이지요. 비슷한 말에는 '긍정적'이 있어요. '호의'의 반대말은 '남을 적으로 생각하는 마음'의 '적의'이지만, '호의적'의 반대말로는 '적대적'을 쓰니, 구별해 쓰세요.

동사 — 환대하다
(기뻐할 歡 + 기다릴 待)
찾아온 사람을 반갑게 맞아 정성껏 대접하다.

→ 저를 친절하게 **환대해** 주셔서 정말 고맙습니다.

동사 — 푸대접하다
(푸 + 기다릴 待 + 접할 接)
정성을 들이지 않고 아무렇게나 대접하다.

→ 손님을 이렇게 **푸대접하는** 경우가 어디 있니?

'환대하다'와 비슷한 말로는 '아주 잘 대접하다'의 '후대하다'가 있어요. 반대말 '푸대접하다'의 '푸—'는 '깊지 않은'이란 뜻의 '풋—'의 변형으로 보고 있어요. 정성 들여 깊이 대접하지 않는다는 뜻이에요. 비슷한 말에는 '정성을 쏟지 않고 소홀히 하다'의 '홀대하다', '성의 없이 아무렇게 대접하다'의 '박대하다' 등이 있어요.

 이런 **뜻**이 있어요

형용사
후하다 (두터울 厚-)
마음 씀씀이나 태도가 너그럽다.

→ 전통 시장에 가면 상인들 인심이 **후해서** 좋아.

형용사
박하다 (얇을 薄-)
마음 씀씀이가 너그럽지 못하고 쌀쌀하다.

→ 여유가 없으니 마음마저 **박한** 것 같아.

'후하다'와 '박하다'는 보통 마음 씀씀이가 너그럽거나 쌀쌀할 때 쓰지만, '이익이나 보수가 많거나 적을 때'도 반대되는 의미로 써요. '후하다'와 비슷한 말에는 '넉넉하다'가 있고, '박하다'와 비슷한 말에는 '재물을 아끼거나 대하는 태도가 지나치게 박하다'의 '인색하다', '야박하다'가 있어요.

명사
무한 (없을 無 + 한계 限)
수나 양, 크기, 공간 등에 제한이나 한계가 없음.

→ 우리는 **무한** 경쟁 사회 속에서 살고 있어.

명사
유한 (있을 有 + 한계 限)
일정한 한도나 한계가 있음.

→ **유한**의 인생에서 벗어나고자 하는 건 인간의 욕심이지.

'무한'은 말 그대로 한계가 없는 것이고, '유한'은 그 반대예요. '한정이 없음'을 '무한정', '제한이 없음'을 '무제한', '기한이 없음'을 '무기한'이라고 하지요.

어맛! 말맛 살리는 **어휘 양념 퀴즈**

반대의 맛

※ 아래 빈칸에 어울리는 말을 고르세요.

❶ "지오는 한번 우기기 시작하면 못 말리는 ☐☐☐☐이야."

힌트 1 '자기 생각이나 주장을 굽힐 줄 모르고 고집하는 사람'을 가리켜요.
힌트 2 비슷한 말로 '고집쟁이', '옹고집' 등이 있어요.

① 사고뭉치   ② 고집불통   ③ 소식불통

❷ "너는 뭘 그렇게 ☐☐☐☐ 따지냐?"

힌트 1 '일일이 따지고 끝까지 캐어묻는 모양'을 가리켜요.
힌트 2 비슷한 말로는 '미주알고주알', '시시콜콜' 등이 있어요.

① 꼬치꼬치
② 대충대충
③ 얼렁뚱땅

소식가의 약점

 이런 뜻이 있어요

 반대의 맛

명사

대식가
(큰 大 + 먹을 食 + 집 家)
음식을 보통 사람보다 많이 먹는 사람.

→ 우리 아빠는 앉은자리에서 라면 5개를 끓여 먹는 소문난 **대식가**야.

명사

소식가
(작을 小 + 먹을 食 + 집 家)
음식을 보통 사람보다 적게 먹는 사람.

→ 너 같은 **소식가**가 웬일로 밥을 세 공기나 먹어?

'대식가'는 '음식을 많이 먹거나 음식에 대한 욕심이 많은 사람'을 뜻하는 '먹보'와도 뜻이 통해요. '소식가'는 평소 식사량이 적은 사람을 말해요. 참고로 '미식가'는 '음식에 대해 특별한 기호를 가져서, 맛있고 좋은 음식을 찾아 먹는 일을 즐기는 사람'을 말해요.

형용사

간간하다
입맛이 당길 정도로 약간 짜다.

→ 이 간고등어는 **간간한** 맛이 일품이네요.

형용사

밍밍하다
음식이 제맛이 나지 않고 몹시 싱겁다.

→ 국이 **밍밍한** 것 같은데 소금 좀 줄래?

'간간하다'는 짠 느낌이 있는 것으로, '짭조름하다', '짭짤하다' 등과 비슷한 뜻이에요. 반대말 '밍밍하다'는 싱겁다는 뜻 외에 '술이 독하지 않고 순하다', '마음이 몹시 허전하다'라는 뜻도 있어요. 비슷한 말로는 '맹맹하다'가 있어요.

이롭다 (이로울 利-)
형용사

이익이 있다.

→ 토마토는 우리 몸에 **이로운** 음식이야.

해롭다 (해로울 害-)
형용사

이익이 되지 않고 해가 되는 점이 있다.

→ 담배는 건강에 **해로우니** 끊으세요.

'이롭다'는 도움이나 이익이 되다의 뜻이에요. '해롭다'는 한마디로 나쁘다는 뜻이에요. '이롭다'와 비슷한 말로는 '유리하다', '유익하다'가 있고, '해롭다'와 비슷한 말로는 '불리하다', '유해하다'가 있어요.

호전되다
형용사

(좋을 好 + 구를 轉)

병의 증세가 점차 좋아지다.

→ 병세가 빠르게 **호전되어** 다행이야.

악화되다
형용사

(악할 惡 + 될 化)

병의 증세가 나빠지다.

→ 상처가 **악화되어** 수술해야 한다.

'호전되다'는 본래 '어떤 일이나 관계가 좋은 방향으로 바뀌게 되다'의 뜻이에요. 그래서 "경기가 호전되기 시작했다."처럼 쓰지요. 이 말이 건강 상태가 나아졌다는 의미로 확대된 거예요. 그 반대 의미가 '악화되다'랍니다. '일의 형세가 나쁜 쪽으로 바뀌다'란 뜻도 있지요.

어맛! 말맛 살리는 **어휘 양념 퀴즈**

※ 아래 빈칸에 어울리는 말을 고르세요.

❶ "나도 스트레스가 쌓이면 ☐☐으로 푸는 타입이야."

- **힌트 1** '음식을 한꺼번에 너무 많이 먹음'을 뜻해요.
- **힌트 2** '아무것이나 가리지 않고 마구 먹음'이란 뜻도 있어요.

① 폭설　　② 폭식　　③ 폭염

❷ "내 고백에도 ☐☐☐☐ 표정을 짓다니, 좀 섭섭하네."

- **힌트 1** '마음에 특별한 느낌이나 감정이 없다'의 뜻이에요.
- **힌트 2** 비슷한 말로는 '덤덤하다', '담담하다' 등이 있어요.

① 감동적인
② 적극적인
③ 무덤덤한

정답 ❶ ② ❷ ③

겨우내 팽이가 한 일

우리 팽이 **여름내** 잘 먹고 똥도 참 잘 눴군.

먹고 싸는 게 내 일!

곧 겨울이 올 테니 집도 **청결하게** 해 주고 **난방**도 신경 써야겠다.

맞아. 난 **불결**하고 추운 건 싫어.

겨우내, 따뜻하고 깨끗한 집에서 신선한 먹이를 먹으며 지낸 팽이에게 변화가 생겼으니….

이제 슬슬 시작해 볼까.

두둥―

청결하다 (형용사)
(맑을 淸 + 깨끗할 潔)
맑고 깨끗하다.

→ 이 집은 정말 **청결하게** 관리가 된 것 같군요.

불결하다 (형용사)
(아닐 不 + 깨끗할 潔)
어떤 사물이나 장소가 깨끗하지 않고 더럽다.

→ 이렇게 **불결한** 환경에서는 살 수 없어.

'청결하다'는 깔끔한 거예요. 비슷한 말에 '말쑥하다', '정결하다'가 있어요. 반대말 '불결하다'는 '어떤 생각이나 행동이 도덕적으로 떳떳하지 못하다'의 뜻도 있어요. 예를 들어, "그렇게 불결한 상상을 했다니, 실망이야."처럼 쓸 수 있어요.

난방 (명사)
(따뜻할 暖 + 방 房)
건물 안이나 방 안의 온도를 높여 따뜻하게 하는 일.

→ **난방**이 들어오니까 정말 따뜻하구나.

냉방 (명사)
(찰 冷 + 방 房)
에어컨 같은 기계를 사용하여 실내의 온도를 낮추는 일.

→ 지하철 **냉방**이 빵빵해서 무척 시원하다.

'난방'은 공간을 따뜻하게 하는 것이고, 냉방은 그 반대이지요. 또 이들 어휘는 각각 '불을 피워서 따뜻한 기운이 있는 방', '따뜻하지 않아 차게 된 방'이란 뜻도 있어요. 방 자체가 '온실', '냉실'이 되는 것이지요.

 이런 **뜻**이 있어요

부사
여름내
여름 동안 내내.

→ **여름내** 수영장이 물놀이 온 사람들로 붐볐다.

부사
겨우내
겨울 동안 내내.

→ 봄이 되자 **겨우내** 입었던 외투를 세탁소에 맡겼다.

'여름내'에 쓰이는 '-내'는 '그 기간의 처음부터 끝까지 계속해서'란 뜻을 더하는 접미사예요. '저녁내', '봄내'처럼 표현해요. 그런데 가을과 겨울 내내를 말할 때는 'ㄹ' 받침이 빠진 '가으내', '겨우내'를 표준어로 삼고 있답니다. '가을내', '겨울내'로 쓰지 않도록 주의하세요.

형용사
증가하다
(더할 增 + 더할 加)
양이나 수가 늘어나거나 많아지다.

→ 환절기가 되자 감기 환자가 **증가하고** 있다.

형용사
감소하다
(덜 減 + 적을 少)
양이나 수치가 줄어들다. 또는 줄이다.

→ 폭우 때문에 사과 생산량이 작년보다 많이 **감소했다**.

'증가하다'는 양이나 수치가 늘어나는 거예요. 비슷한 말로 '불어나다', '증대되다' 등이 있어요. 반대말 '감소하다'는 '수량이나 무게를 줄이다'의 '감량하다'와 뜻이 통할 때가 있어요.

어맛! 말맛 살리는 **어휘 양념 퀴즈**

※ 아래 빈칸에 어울리는 말을 고르세요.

❶ "달팽이도 올빼미처럼 밤에 활동하는 ☐☐☐ 동물이야."

- 힌트 1 '낮에는 쉬고 밤에 활동하는 동물의 습성'을 말해요.
- 힌트 2 반대말은 '낮에 활동하는 성질'이란 뜻의 '주행성'이에요.

① 야행성　　② 야수성　　③ 야생성

❷ "고속 도로 정체로 차가 모두 ☐☐☐☐☐☐을 하고 있다."

- 힌트 1 '매우 느리고 굼뜨게 가는 일이나 그 속도'를 비유적으로 이르는 말이에요.
- 힌트 2 비슷한 말로는 '달팽이걸음'이 있어요.
- 힌트 3 본래는 '거북이처럼 아주 느리게 걷는 걸음'을 뜻해요.

① 거북이걸음
② 제자리걸음
③ 갈지자걸음

가로세로 십자말풀이 ④

가로풀이

① 남과 공동으로 사용하지 않고 혼자서만 사용함.
③ 수나 양, 크기, 공간 등에 제한이나 한계가 없음.
⑤ 큰 나무들이 빽빽하게 들어선 크고 깊은 숲. 아마존 ○○.
⑦ 다른 직업을 가지고 있다가 농사를 지으려고 시골로 가는 것.
⑩ 호화롭게 사치함. 또는 그런 사치.
⑪ 생각할 수 있는 범위 중에서 가장 완전하다고 여겨지는, 또는 그러한 것.
⑬ 남의 허물이나 잘못을 진심으로 타이르는 말.
⑭ 정면으로 맞서 싸우겠다는 뜻의 표시. 또는 그러한 뜻을 적어 보내는 글.
⑯ 마음에 남아 있는 섭섭하거나 불만스러운 느낌.

세로풀이

❷ 해야 할 일. 볼일.
❹ 수량이나 범위 등을 제한하여 정함. 또는 그런 한도.
❻ 글을 쓴 사람.
❽ 장난으로 남을 놀리거나 웃기려고 하는 말.
❾ '차를 마시고 밥을 먹는 일'이라는 뜻으로, 흔히 있는 보통의 일.
❿ 어떤 대상을 좋게 생각하는, 또는 그러한 것.
⓬ 무엇이 없어지거나 사라진 후의 허전하고 쓸쓸한 감정.
⓭ 충청남도와 충청북도를 아울러 이르는 말.
⓯ 어떤 일이나 비용을 전부 맡거나 부담함.
⓱ 건물 안이나 방 안의 온도를 높여 따뜻하게 하는 일.

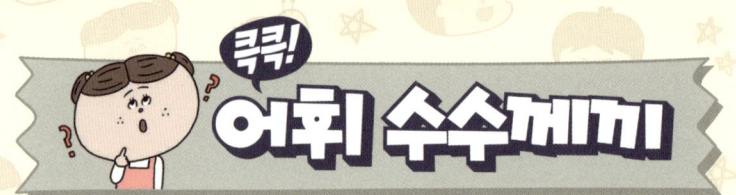

킥킥! 어휘 수수께끼

❶ 등산을 좋아하는 할아버지는?

❷ 닦을수록 꾀죄죄해지는 것은?

❸ 아무리 실력 좋은 목수도 고치기 힘든 집은?

❹ 잘못한 것도 없는데 잘못했다고 비는 나무는?

❺ 구리 중에서 가장 쓸모없는 구리는?

❻ 여름내 손을 흔드는 것은?

정답: ① 지도 들여다보시 ② 풀레 ③ 고집 ④ 시가개비 ⑤ 옹달샘 ⑥ 부채 ⑦ 눈사람 ⑧ 도둑 ⑨ 속눈썹 ⑩ 잔소리 ⑪ 월급도둑 ⑫ 장차

7 겨울에만 만날 수 있는 사람은?

8 언제나 무게 잡느라고 분주한 사람은?

9 자기 것이지만 자기가 직접 볼 수 없는 것은?

10 아무리 유창하게 해도 혼나는 말은?

11 못 팔고도 돈을 버는 사람은?

12 세계 어디를 가나 가장 빠른 차는?

이런 뜻이 있어요

동사 물리다
다시 대하기 싫을 만큼 매우 싫증이 나다.
→ 배달 음식은 자주 먹으면 금세 **물린다**.

동사 무르다
단단했던 것이 물렁물렁해지다.
→ 과일들이 왜 이렇게 **물렀어**?

어떤 물건이 지겹거나 싫어졌을 때 '물리다'란 말을 써요. '물리어(물려)', '물리니'로 활용돼요. 비슷한 말에는 '질리다'가 있어요. '무르다'는 열이나 수분으로 익어서 물렁물렁하게 되었을 때 써요. '물러', '무르니'로 활용되지요. 이 말은 또 '일 처리나 솜씨가 야무진 데가 없다'란 뜻으로 쓰이기도 해요.

동사 가만있다
말을 하거나 몸을 움직이지 않고 조용히 있다.
→ 어디 나가지 말고 집에 **가만있어**.

동사 가만두다
상관하거나 건드리지 않고 그대로 두다.
→ 어떤 녀석인지 몰라도 걸리기만 하면 내가 **가만두지** 않을 거야.

'가만있다'는 움직이지 않고 있는 것 외에 '어떤 대책을 세우거나 행동을 하지 않고 그대로 있다'의 뜻도 있어요. 그럴 때는 "잠자코 가만있다."처럼 쓰지요. 또 갑자기 기억이 잘 떠오르지 않을 때도 써요. "가만있자, 네가 올해 몇 살이지?"처럼요. '가만두다'는 상대 일에 관여하지 않는 거예요.

 이런 뜻이 있어요

가르다 (동사)
쪼개거나 나누어 따로따로 되게 하다.
→ 우리, 편을 **갈라** 피구 연습을 하자.

가리다 (동사)
좋아하는 음식만 까다롭게 골라서 먹다.
→ 음식 **가리지** 말고 골고루 먹어야지.

'가르다'는 '잘라서 여러 개가 되게 하거나 옳고 그름을 구분하여 결과를 정하다'란 뜻이 있어요. 그래서 "수박을 가르고 승패를 가른다."처럼 쓰지요. '가리다'는 음식을 골라 먹는 것 외에 '여러 가지 중에서 하나를 구별하여 뽑다'란 뜻이 있어요. 이럴 때는 "사람을 가려서 뽑는다."처럼 써요. 이 말은 또 '낯선 사람을 대하기 싫어하다'의 뜻도 있어요.

어르다 (동사)
몸을 살살 흔들어 주거나 재미있게 해 주어서 어린아이를 달래다.
→ 이모가 우는 아기를 **어르고** 있다.

아리다 (형용사)
마음이 몹시 아프다.
→ 사고 난 사람들 얘기를 들으니 가슴이 **아린다**.

'어르다'는 어린아이를 달래는 걸 말해요. 또 '사람이나 동물을 놀리며 장난하다'의 뜻도 있어요. '아리다'는 본래 '맵거나 독하여 혀를 찌르는 아픔이 있다', '상처나 피부 등이 찌르는 듯 아프다'의 뜻이에요. 그 말이 마음 아프다는 뜻으로 확대해 쓰이게 되었어요.

108

어맛! 말맛 살리는 **어휘 양념 퀴즈 ❶**

"밥이 꼬들꼬들하지 않고 좀 ㅈㄱ 됐네요."

힌트 1 '밥이나 반죽 등이 물기가 많다'의 뜻이에요.
힌트 2 '땅에 물기가 많을 때'도 써요.

어맛! 말맛 살리는 **어휘 양념 퀴즈 ❷**

"무슨 일인데 얼굴이 하얗게 ㅈㄹㅇ?"

힌트 1 '몹시 놀라거나 무서워서 얼굴빛이 변하다'의 뜻이에요.
힌트 2 '사람에게 ○○○'처럼 '놀라거나 무서워 기막히거나 기운이 꺾이다'의 뜻도 있어요.

정답 ❶ 질거(질다) ❷ 질렸어(질리다)

이런 뜻이 있어요

동사 — 달리다
돈이나 기술, 힘, 재주 등이 모자라다.
→ 일손이 **달리면** 주위에 도움을 청하는 게 어때?

동사 — 딸리다
어떤 것에 매이거나 붙어 있다.
→ 난 마당이랑 차고가 **딸린** 집에 사는 게 소원이야.

뭔가 모자라거나 미치지 못할 때 '달리다'라고 해요. "능력이 달리니 돈도 달린다."라고 쓸 수 있어요. '딸리다'는 '다른 사람이나 동물이 가는 대로 같이 가게 하다'란 뜻도 있어요. "할아버지에게 아이를 딸려 보냈다."처럼 쓸 수 있답니다.

또다시 좌절되는 아빠의 꿈.
마당 딸린 집에 살면서 텃밭을 꾸리고 싶어.
텃밭에도 벌레는 있지.

동사 — 날뛰다
날 듯이 껑충껑충 뛰다.
→ 갑자기 망아지가 **날뛰는** 바람에 주변 관광객들이 놀랐다.

동사 — 널뛰다
널뛰기 놀이를 하다.
→ 요즘은 **널뛰는** 사람들을 흔히 볼 수가 없어.

'날뛰다'는 '날다+뛰다'가 합쳐진 말로 '날 듯이 뛰는 모습'을 말해요. 행동이 커서 '자신의 힘을 믿고 거칠게 행동하다', '감정을 억누르지 못하고 흥분해 내키는 대로 행동하다'의 뜻도 있어요. "화가 나서 길길이 날뛰었다."처럼요. '널뛰다'는 '널뛰기하다'의 준말이에요. 단오 같은 명절이나 민속촌에서 널뛰기하는 모습을 가리킬 때 써요.

 이런 뜻이 있어요

동사 헤치다
속에 든 물건을 겉으로 드러나도록 덮인 부분을 파거나 젖히다.
➜ 옷을 다 **헤쳐** 놓으면 어쩌자는 거니?

동사 해치다 (해로울 害-)
사람의 마음이나 몸에 해를 입히다.
➜ 우리를 탈출한 동물이 사람을 **해치는** 일이 발생했다.

'헤치다'는 어떤 걸 파서 겉으로 나오게 하다의 뜻 말고도 '어려움을 이겨 나가다', '모인 것을 따로 흩어지게 하다'의 뜻이 있어요. '해치다'는 사람에게 해를 입히는 것으로, 손상을 입히는 것 말고도 '다치게 하거나 죽이다'의 뜻이 있어요.

동사 아물다
상처가 나아 원래대로 살갗이 맞붙다.
➜ 상처에 물이 닿으면 덧나서 잘 **아물지** 않으니 조심해.

형용사 여물다
말과 행동, 일 처리 등이 실속 있고 빈틈이 없다.
➜ 영이는 일 처리를 **여물게** 잘해.

'아물다'는 종기나 상처에 새살이 나와서 상처가 낫는 걸 말해요. 또 '마음의 상처 따위가 기억에 잊히거나 없어지다'의 뜻도 있어요. '여물다'는 본래 '과일이나 곡식 등이 단단하게 잘 익다'의 동사예요. 그 말이 확장되어서 일 처리를 잘해 빈틈이 없다는 의미의 형용사로도 쓰여요. 또 '사람이나 그 씀씀이가 헤프지 않고 알뜰하다'의 뜻도 있어요.

어맛! 말맛 살리는 **어휘 양념 퀴즈 ①**

"사람을 너무 **ㅈㅁ** 정작 아무도 못 만나."

힌트 1 '여러모로 따지거나 비교하다'의 뜻이에요.
힌트 2 본래는 '자, 저울 따위의 도구를 이용해 길이, 너비, 깊이 등의 정도를 알아보다'의 뜻이에요.

어맛! 말맛 살리는 **어휘 양념 퀴즈 ②**

"할머니표 양념에 **ㅈㅇ** 갈비가 제일 맛있어."

힌트 1 '음식을 양념하여 그릇에 차곡차곡 담아 두다'의 뜻으로 준말은 '재다'예요.
힌트 2 '물건을 차곡차곡 잘 쌓아 두다'의 뜻도 있어요.

갈비는 양념에 재운 게 진리야.

어제는 양념 안 한 게 맛있다며?

정답 ① 재다(재다) ② 재우다(재우다)

민지가 노리는 것

땋다 (동사)
머리카락 또는 실을 둘 이상의 가닥으로 갈라서 엮어 한 가닥으로 만들다.

→ 한복을 입을 땐 올리거나 **땋은** 머리가 어울려.

따다 (동사)
자격이나 점수를 얻거나 받다.

→ 할아버지한테 잘 보여서 점수를 듬뿍 **따야겠어**.

'땋다'는 머리나 실을 엮는 것으로, '땋아', '땋으니', '땋는'으로 활용해요. '따다'는 본래 '열매를 따다'처럼 '달려 있거나 붙어 있는 것을 잡아떼다'의 뜻이에요. '경기나 내기 등에 이겨서 돈, 상품을 얻다'라는 뜻도 있고, '말이나 글의 한 부분을 끌어 오다'란 뜻도 있어요.

빗다 (동사)
머리카락이나 털을 빗이나 손 등으로 가지런히 정리하다.

→ 내 머리를 먼저 **빗고** 나서 강아지 털을 빗겨 주었다.

빚다 (동사)
어떤 일이나 결과를 만들다.

→ 자꾸 이웃 사람과 마찰을 **빚어** 큰일이다.

'빗다'는 머리를 손질하는 빗을 떠올리면 돼요. '빗으로 머리를 빗는 것'이지요. 어떤 결과나 현상을 만들다의 '빚다'는 본래 '흙 따위의 재료를 주물러서 모양을 만들다'의 뜻이에요. "흙으로 그릇을 빚는다."처럼 쓰여요. 또 '가루를 반죽하여 만두나 송편 따위의 음식을 만들다'란 뜻도 있어요. "추석을 맞아 송편을 빚었다."처럼요.

 이런 뜻이 있어요

동사 **헤어지다**
모여 있던 사람들이 따로따로 흩어지다.
→ 친구들과 **헤어져** 집에 오는 길이 외로웠다.

동사 **해어지다**
닳아서 구멍이 나거나 찢어지다.
→ 옷이 얼마나 낡았는지 너덜너덜하게 **해어졌어**.

'헤어지다'는 사람들이 흩어지다는 뜻 외에도 '어떤 관계가 끊어지거나 떨어지다'의 의미가 있어요. 특히 '사귐이나 맺은 정을 끊고 갈라서다'의 뜻으로 많이 쓰여요. "3년을 사귄 사람과 헤어졌다."처럼요. '해어지다'는 옷이나 책 등이 구멍이 나거나 낡게 변하는 걸 뜻해요. 준말은 '해지다'예요.

동사 **노리다**
무엇을 이루기 위해 모든 마음을 쏟아서 눈여겨보다.
→ 시험에 떨어졌다니, 다음 기회를 **노려** 보자.

동사 **놀리다**
남의 실수나 약점을 잡아서 웃음거리로 만들다.
→ 친구를 **놀리면** 못써.

'노리다'는 목표한 것을 이루기 위해 기회를 엿보는 거예요. 본래 '눈에 독기를 품고 모질게 쏘아보다'의 뜻이 있어요. "그렇게 노려보면 어쩔 건데?"처럼 쓰지요. 또 '남의 것을 빼앗을 목적으로 벼르거나 기회를 엿보다'의 뜻도 있어요. '놀리다'는 상대방을 비웃는 걸 말해요. 어떤 약점을 잡아서 짓궂게 굴거나 흉을 보는 행동이 다 여기에 해당해요.

어맛! 말맛 살리는 **어휘 양념 퀴즈 ①**

"선물 달라고
ㅈ ㄹ ㅅ
겨우 받았어."

후훗, 계속 조르니까 세뱃돈 주셨어. 떡볶이는 내가 산다.

오오~
대단해요!

힌트 1 '누구에게 무엇을 해 달라고 끈덕지게 요구하다'의 뜻이에요.
힌트 2 비슷한 말에는 '보채다', '재촉하다' 등이 있어요.

어맛! 말맛 살리는 **어휘 양념 퀴즈 ②**

"축구 결승전 때 가슴을
ㅈ ㅇ ㅁ
시청했어."

힌트 1 '마음이나 속 등을 태우는 듯이 초조해하다'를 뜻해요.
힌트 2 '찌개, 국, 한약 등의 물이 줄어들게 하여 양이 적어지게 하다'의 뜻도 있어요.

정답 ① 졸라서(조르다) ② 졸이며(졸이다)

삼촌이 세운 계획

동사 — 날리다
잘못하여 가진 재산이나 자료 등을 모두 잃거나 없애다.

→ 실수로 보고서를 **날린** 바람에 다시 써야 했다.

동사 — 나르다
물건을 한 곳에서 다른 곳으로 옮기다.

→ 이삿짐 **나르는** 일을 도와줬더니, 삼촌이 자장면을 사 주셨다.

'날리다'는 본래 '공중에서 떠서 다른 위치로 움직이다'를 뜻하는 '날다'의 사동사예요. '어떤 물체가 바람을 따라 흩어지거나 움직일 때'도 이 말을 써요. 여기에 확장되어 뭔가를 모두 잃었을 때도 쓰이지요. '나르다'는 물건을 옮길 때 쓰는 말이에요.

동사 — 세우다
계획, 방안 따위를 정하거나 짜다.

→ 폭우 대비책을 **세우지** 않으면 홍수 피해가 걷잡을 수 없이 커진다.

동사 — 새우다
한숨도 자지 않고 밤을 지내다.

→ 책을 읽느라고 밤을 **새웠다니**, 믿을 수 없어.

'세우다'는 '서다'의 사동사로, 계획이나 방법을 짜다의 뜻 말고도 '몸을 곧게 펴게 하거나 일어서게 하다', '처져 있던 것을 똑바로 위로 향하게 하다'의 뜻이 있어요. '새우다'는 밤에 잠을 자지 않고 아침을 맞는다는 뜻으로, '새다'라고 쓰지 않도록 주의하세요.

 이런 뜻이 있어요

동사 슬다
벌레나 곰팡이 등이 생기다.
→ 장마 때 비가 많이 와서 벽에 곰팡이가 **슬었다**.

동사 쓸다
비로 쓰레기 따위를 밀어 내거나 한데 모아서 치우다.
→ 내가 빗자루로 바닥을 **쓸** 테니까 넌 걸레로 닦아.

'슬다'는 곰팡이나 좀 따위가 붙어살게 되는 것을 뜻하는데, '쇠붙이가 산화 작용으로 녹이 생기다'의 뜻으로도 쓰여요. 이때는 '녹슬다'와 바꾸어 쓸 수 있어요. '쓸다'는 청소할 때 자주 써요. 또 '질질 끌어서 바닥을 스치다', '전염병 따위가 널리 퍼지거나 홍수 따위로 큰 피해를 주다'의 뜻으로도 쓰여요. '쓸어', '쓰니', '쓰오'로 활용돼요.

동사 사리다
어떤 일에 적극적으로 나서지 않고 살살 피하며 아끼다.
→ 자기 몸만 **사리더니** 꼴좋게 됐군.

동사 살리다
본래의 색깔이나 특징 등을 뚜렷이 나타나게 하다.
→ 네 개성을 **살려서** 멋지게 만들어 봐.

'사리다'는 본래 '국수나 새끼 등을 감아 말다', '몸을 움츠리다'의 뜻이에요. 이 말이 확장되어 어떤 일에 적극적으로 나서지 않는 걸 표현하게 되었어요. '살리다'는 '잃어 가던 생명을 다시 지니게 하다'의 뜻뿐 아니라, '약해진 불 따위를 다시 타게 하다', '성질이나 기운 따위를 북돋우다'의 뜻도 있어요.

어맛! 말맛 살리는 어휘 양념 퀴즈 ❶

"그 애 말이 너무    배꼽 빠지는 줄 알았어."

힌트 1 '다른 사람을 웃게 하다'의 뜻이에요.

힌트 2 '어떤 일이나 행동이 한심하거나 어이가 없다'의 뜻도 있어요.

- 우리 삼촌 청소 일 하셔.
- 오~, 쓸 데 있는 남자!
- 민지, 오늘도 웃겼어.

어맛! 말맛 살리는 어휘 양념 퀴즈 ❷

"   치미는 화를 겨우겨우 참았다."

힌트 1 '흥분한 마음이 불끈 생기다'를 뜻해요.

힌트 2 비슷한 말로는 '불끈하다', '성내다' 등이 있어요.

정답 ❶ 웃기시(웃기다) ❷ 울화가(울화다)

뒤집는 조건

 이런 **뜻**이 있어요

동사 맞붙다
싸움이나 경기, 내기 등에서 서로 상대하여 겨루다.
→ 이번 경기에서 가장 강한 팀과 **맞붙게** 되었다.

동사 맞잡다
손을 마주 잡다.
→ 손에 손을 **맞잡고** 놀러 갑시다.

'맞붙다'와 '맞잡다'의 '맞-'은 '마주'의 뜻을 더하는 접두사예요. 그래서 '맞붙다'는 본래 '서로 닿다'란 뜻으로, '하늘과 바다가 맞붙은 수평선'처럼 쓰여요. 그 외에 '서로 떨어지지 않고 함께하다'란 뜻도 있어요. '맞잡다'는 손을 서로 잡는 것 외에 '힘, 가치, 수량 정도가 대등하다'란 뜻도 있어요.

동사 뒤집다
일 등의 순서나 형세를 바꾸다.
→ 지고 있던 팀이 갑자기 살아나면서 경기 승패를 **뒤집었다**.

동사 뒤지다
다른 사람이나 다른 것보다 능력이나 수준이 모자라다.
→ 우리 팀이 3대 2로 **뒤지다가** 후반전에 이겼어.

'뒤집다'는 본래 '안과 겉을 뒤바꾸다'의 뜻이에요. "양말을 뒤집어 벗어 놓지 마세요."라고 쓸 수 있어요. 또 '되어 가는 일을 돌려서 틀어지게 하다', '체제나 학설 따위를 뒤엎다', '조용하던 것을 어지럽게 하다'의 뜻도 있어요. '뒤지다'는 본래 '걸음이 남에게 뒤떨어지다'의 뜻이에요. 또 '시간상 남보다 늦다'란 뜻도 있어요.

123

짚이다 _{동사}
미루어 생각해 본 결과 어떠할 것으로 짐작되다.

→ 범인으로 **짚이는** 사람이 있긴 한데.

지피다 _{동사}
아궁이나 화로 등에 땔감을 넣어 불을 붙이다.

→ 추우니까 일단 모닥불부터 **지필게요**.

'짚이다'는 생각해 본 결과 어떤 짐작이 가는 걸 말해요. '지피다'는 땔감에 불을 붙여 타게 하다의 뜻 외에 '사람이 희망 따위를 지니도록 계기를 만들다'의 의미도 있어요. 이때는 "걸을 수 있다는 희망을 마음속에 지필 수 있었다."처럼 쓸 수 있어요.

업다 _{동사}
사람을 등에 대고 손으로 붙잡거나 붙들어 매어 떨어지지 않도록 하다.

→ 내가 너 아기였을 때 참 많이 **업어** 줬는데, 기억나?

엎다 _{동사}
어떤 일이나 질서 따위를 완전히 뒤바꾸기 위해 없애다.

→ 잘 진행되고 있는 일을 중간에 **엎어** 버렸다.

'업다'는 다른 사람을 등에 대고 붙잡거나 매달리게 하다는 뜻 외에 '어떤 세력을 배경으로 삼다'라는 뜻도 있어요. "재벌 세력을 등에 업었다."처럼 쓸 수 있지요. '엎다'는 '윗면과 밑면이 거꾸로 되게 뒤집어 놓다'라는 뜻이에요. '부주의로 넘어뜨려 안에 든 걸 쏟아지게 하다'란 뜻도 있어요. 또 "장사를 엎고 시골로 내려갔다."처럼 '마음에 맞지 않아 집어치우다'의 뜻으로도 쓰여요.

어맛! 말맛 살리는 **어휘 양념 퀴즈** ❶

"몸을 쭉 ㅃ ㅓ

기지개를 켜 봐."

힌트 1 '구부리고 있던 몸의 일부를 쭉 펴다'를 뜻해요.
힌트 2 '가지나 덩굴, 뿌리 등이 길게 자라나다'의 뜻도 있어요.

어맛! 말맛 살리는 **어휘 양념 퀴즈** ❷

"깨를 ㅃ ㅓ ㅅ

돈가스 소스에 뿌려 먹어요."

힌트 1 '방망이 등으로 내리쳐서 부수거나 가루로 만들다'의 뜻이에요.
힌트 2 비슷한 말로는 '찧다'가 있어요.

가로 풀이

① 옳고 그름을 구분하거나 결과를 정하다.
③ 작곡가, 연주가, 성악가 등과 같이 음악을 전문적으로 하는 사람.
⑤ 상처가 나아 원래대로 살이 붙다.
⑦ 사회 전체의 이익.
⑧ 성질이 급하고 자극에 민감하여 쉽게 흥분하는 기질.
⑩ 세로로 들고 여덟 개의 구멍을 손가락으로 막았다 떼었다 하면서 입으로 공기를 불어 넣어 소리를 내는 악기.
⑫ 사람의 마음이나 몸에 해를 입히다.
⑬ 오래도록 살고 죽지 않는다는 열 가지.
해, 산, 물, 돌, 구름, 소나무, 불로초, 거북, 학, 사슴.

세로 풀이

① 상관하거나 건드리지 않고 그대로 두다.
② 어떤 차례에서 바로 뒤.
④ 나쁜 행동을 하거나 장난이 몹시 심한 아이를 가리키는 말.
⑤ 어린아이 말로 '아기'를 뜻하는 다른 말.
⑥ 많으면 많을수록 좋음.
⑨ 몹시 놀라거나 무서워서 얼굴빛이 변하다.
⑪ 무리를 이끌어 가는 지도자로서의 능력.
⑫ 바다의 밖. 또는 다른 나라를 이르는 말.
⑭ 장이 서는 날. 보통 닷새 만에 서며, 사흘 만에 서기도 함.

❶ 소리 없이 웃기만 하는 것은?

❷ 달리기에서 1등 하는 사람이 가장 무서워하는 사람은?

❸ 사막에서도 할 수 있는 물놀이는?

❹ 서로 뒤집으면 반대의 뜻이 되는 두 글자 낱말은?

❺ 집은 집인데 등에 업혀 다니는 집은?

❻ 쌍둥이가 부지런히 음식을 나르는 것은?

정답
① 사진 속 유명 인물 ② 2등 하는 사람 ③ 사람이름 ④ 책가 ⑤ 땅이름 ⑥ 장난감 ⑦ 바람 ⑧ 그림자 ⑨ 수수께끼 ⑩ 주전자 ⑪ 안녕 ⑫ 안경

7 먼 산에 바가지 엎어 놓은 것은?

8 가만있어도 아무도 붙잡지 못하는 것은?

9 죽음에 처한 사람을 살리는 비는?

10 엉덩이에 불을 지피면 코에서 김이 나오는 것은?

11 만날 때나 헤어질 때나 똑같이 하는 인사는?

12 눈을 가렸는데도 잘 보이는 것은?

129

순우리말 맛

4장

이런 뜻이 있어요

명사 | 고갱이
풀이나 나무의 줄기 한가운데에 있는 연한 심.

→ 배추 **고갱이**에 쌈을 싸 먹으면 정말 맛있어.

명사 | 아람
밤, 상수리 따위가 충분히 익어 저절로 떨어질 정도가 된 상태. 또는 그런 열매.

→ 지금쯤 할머니 집 밤나무에서 **아람**이 잘 여물었겠군.

'고갱이'는 보통 배추 한가운데에서 올라오는 노랗고 연한 심을 말해요. 빛깔이 노릇하고, 맛이 달콤해요. 또 '사물의 중심이 되는 부분'을 비유적으로 이르는 말이기도 해요. "우리 역사의 고갱이만 뽑아서 알려 주겠다."처럼 쓸 수 있어요. '아람'은 '잘 여문 열매'를 말하며, 비슷한 말에 '알밤'이 있어요.

부사 | 송두리째
있는 전부를 모두.

→ 화재로 집이 **송두리째** 다 탔다.

명사 | 곁두리
일꾼들이 끼니 외에 참참이 먹는 음식.

→ 할아버지가 **곁두리**로 찐 고구마를 가져오셨다.

명사 '송두리'는 '있는 것의 전부'를 뜻해요. 이 말이 보통 부사인 '송두리째'로 많이 쓰여요. 있는 전부 하나도 빠짐없이란 뜻으로요. '곁두리'는 일하다 잠시 쉬면서 먹는 음식으로, '간식', '새참' 등과 뜻이 통해요.

오~, 아람이 굵군.

아얏!

 이런 뜻이 있어요

명사 겉절이
배추나 상추, 무 등에 양념해서 바로 먹을 수 있게 만든 김치.
→ 나는 신김치보다 갓 무친 **겉절이**를 좋아해.

명사 푸성귀
사람이 가꾸거나 저절로 자라난 온갖 채소와 나물.
→ 아빠는 신선한 채소를 얻기 위해 텃밭에 **푸성귀**를 심었다.

'겉절이'는 채소의 겉만 살짝 소금으로 절이거나 간장과 양념 등으로 무쳐서 담그는 김치예요. 발효해서 먹는 여느 김치와 달리 바로 먹고, 채소 본연의 맛을 느낄 수 있어요. '푸성귀'는 '먹는 풀'로 이해하면 쉬워요. 나물과 채소 등을 다 포함하는 말이지요. '밭에서 기르는 농작물'에 한해 '남새'를 쓰기도 해요.

부사 담뿍담뿍
여럿이 다 또는 매우 넘칠 정도로 가득하거나 소복한 모양.
→ 조리사 선생님이 밥을 그릇마다 **담뿍담뿍** 퍼 주셨다.

형용사 구쁘다
배 속이 허전하여 자꾸 먹고 싶다.
→ 속이 **구쁘니** 음식을 계속 찾게 된다.

'담뿍담뿍'은 어떤 양이 넘칠 정도이거나 많을 때 쓰는 표현이에요. 비슷한 말에는 '듬뿍듬뿍', '다뿍다뿍' 등이 있어요. '구쁘다'는 '고프다'를 생각하면 돼요. 배가 헛헛해서 음식이 당기는 걸 표현하는 말이에요.

어맛! 말맛 살리는 **어휘 양념 퀴즈**

※ 아래 빈칸에 어울리는 말을 고르세요.

❶ "카메라 앞에서 ☐☐ 좋게 자세를 취하더라."

힌트 1 '부끄러운 기색 없이 비위 좋게 구는 행동이나 그런 성격'을 말해요.

힌트 2 비슷한 말로는 '비위', '너스레' 등이 있어요.

① 보살
② 넉살
③ 화살

❷ "주사 맞는 것 가지고 ☐☐ 좀 부리지 마."

힌트 1 '아픔이나 괴로움 따위를 거짓으로 꾸미거나 실제보다 보태어서 나타내는 말이나 행동'을 말해요.

힌트 2 비슷한 말로는 '죽는소리', '죽는시늉' 등이 있어요.

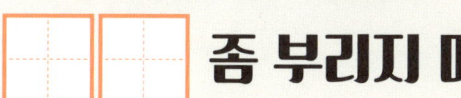

① 도살
② 몰살
③ 엄살

명사 **윤슬**
햇빛이나 달빛에 비치어 반짝이는 잔물결.
→ 저녁 강가에 퍼지는 **윤슬**을 보니 마음이 편안해진다.

명사 **미역**
냇물이나 바닷물에 들어가 몸을 담그고 씻거나 노는 일.
→ 냇가에서 한참 **미역**을 감고 나니 몸이 노곤하다.

'윤슬'은 강물 위에 반짝거리는 잔물결로, '물비늘'이라고도 해요. '미역'은 '멱'이라고도 해요. '미역(멱)'은 목의 앞쪽인 '멱살'을 뜻해요. 이 말이 '씻다'의 뜻인 '감다'와 함께 쓰여 물에 들어가서 몸과 머리를 씻다 즉, '물놀이하다'란 의미가 되었어요.

부사 **시나브로**
모르는 사이에 조금씩 조금씩.
→ 잘 먹었더니 **시나브로** 얼굴에 살이 통통하게 올랐다.

명사 **땅거미**
해가 진 후 밤이 되기 전까지 조금 어두운 상태.
→ **땅거미**가 내려앉아 사방이 어둑했다.

'시나브로'는 '점차', '차차로' 등과 비슷한 의미예요. 모르는 사이에 어떤 현상이 조금씩 변하는 상황을 가리키는 표현이에요. '땅거미'는 '땅'과 '검다'를 뜻하는 '검' 그리고 접미사 '이'가 합쳐진 말로, '땅이 검어지는 때' 즉, '저녁'의 의미로 쓰여요. 어두워지는 걸 시각적으로 표현한 것이지요. 발음은 [땅거미]로 해요. 만약 [땅꺼미]라고 하면, '곤충 땅거미'를 이르는 말이 돼요.

이런 뜻이 있어요

명사 / 생채기
손톱 등으로 할퀴어지거나 긁혀서 생긴 작은 상처.
→ 너 얼굴에 난 생채기, 대체 누가 그런 거니?

명사 / 싹쓸이
남김없이 모두 차지하거나 다 없애 버리는 일.
→ 양궁 국가 대표 팀의 목표는 양궁 전 종목 메달 싹쓸이이다.

'생채기'는 손톱이나 나뭇가지 등에 긁혀서 생긴 작은 흠집이에요. '상채기'라고 하는 사람들이 있는데, 이는 비표준어예요. '싹쓸이'는 '모두 다 쓸어버리는 일'을 말해요.

아빠, 왜 이렇게 생채기가 많아요?
난 모기랑 벌이랑 개미랑 다 싫어.

명사 / 모닥불
장작이나 나뭇가지, 검불 등을 쌓아 놓고 피우는 불.
→ 동굴에 갇힌 사람들이 모닥불을 피워 추위를 견디며 구조대를 기다렸대.

형용사 / 쏠쏠하다
품질, 수준, 정도 등이 보통 정도는 되어서 괜찮거나 기대한 이상이다.
→ 이만하면 이번 돈벌이는 쏠쏠한 편이야.

'모닥불'은 낙엽이나 나무 등을 쌓아서 피우는 불이에요. 이것저것 모아서 피우는 불이라 '모두'와 접미사 '악'이 붙어 점차 '모닥불'로 발전했다는 설이 있지만, 확실하지는 않아요. '쏠쏠하다'는 수준이 어지간하여 쓸 만할 때 쓰는 표현으로, 큰말은 '쑬쑬하다'예요.

어맛! 말맛 살리는 **어휘 양념 퀴즈**

※ 아래 빈칸에 어울리는 말을 고르세요.

❶ "해가 질 무렵의 붉은 ☐☐ 좀 봐. 정말 예뻐."

- 힌트 1 '해가 뜨거나 질 무렵에 하늘이 햇빛에 물들어 벌겋게 보이는 현상'이에요.
- 힌트 2 준말은 '놀'이에요.

① 노을   ② 노새   ③ 가을

❷ "조용하던 마을에 사람들이 몰려와 연일 ☐☐☐을 이루었어."

- 힌트 1 '많은 사람이 한곳에 모여 북적거리는 상황'을 나타내는 말이에요.
- 힌트 2 비슷한 말로는 '북새틈'이 있어요.

① 북극성
② 북새통
③ 성장통

살뜰함의 꼼수

형들, **너끈히** 이길 수 있어. 파이팅!

너희 도복 입으니까 **쌈박하다**.

민지는 참 **곰살궂고 살뜰하구나**.

민지가 우리 칭찬을? 뭔가 찜찜해.

나도 칭찬 잘하거든. 근데 저 오빠는 누구야?

우리 사범님이신데 왜?

인상이 참 **서글서글하시네**. 성격도 **털털하시겠지**?

봐. 제보다 제삿밥에 관심이 많잖아.

그, 그렇네.

털털하다 [형용사]
성격이 까다롭지 않고 소탈하다.

→ 민지는 **털털해서** 친구들과 스스럼없이 사귄다.

곰살궂다 [형용사]
성질이 보기보다 상냥하고 부드럽다.

→ 야오가 어찌나 **곰살궂게** 구는지 미워하려야 미워할 수가 없다.

'털털하다'는 '수수하다'처럼 성질이 까다롭지 않고 순한 거예요. 또 '물건의 질이 좋지도 나쁘지도 않다'란 의미도 있어요. "품질이 털털하다."처럼 쓰이지요. '곰살궂다'는 다정한 성격을 나타내는 말로, '곰살맞다', '곰살갑다'처럼 쓰기도 해요. '성격이나 행동이 꼼꼼하고 자세하다'란 뜻도 있어서 "밑반찬을 곰살궂게 챙겼다."처럼 쓸 수 있어요.

살뜰하다 [형용사]
사랑하고 위하는 마음이 자상하고 지극하다.

→ 옆집 언니는 동생들을 **살뜰하게** 아껴 준다.

뻔뻔하다 [형용사]
부끄러운 짓을 하고도 태연하고 당당하다.

→ 그 애는 어떻게 그렇게 **뻔뻔할** 수가 있지?

'살뜰하다'는 다정한 것 외에도 '일이나 살림을 실속 있게 하다'의 뜻도 있어요. "민지는 살뜰해서 꼭 필요한 것만 사."처럼 쓰지요. '뻔뻔하다'는 부끄러움을 잘 모르는 걸 말해요. 작은말은 '빤빤하다'이고, 비슷한 말로 '염치없다', '유들유들하다' 등이 있어요.

 이런 뜻이 있어요

형용사 / 쌈박하다
물건이나 어떤 대상이 마음에 들 만큼 깔끔하고 산뜻하다.
→ 이번 스마트폰 디자인이 제법 **쌈박하게** 나온 것 같아.

형용사 / 서글서글하다
생김새나 성품이 매우 상냥하고 너그럽다.
→ 그 애는 **서글서글한** 마음씨가 아주 매력적이야.

'쌈박하다'는 어떤 대상이 마음에 쏙 드는 걸 말해요. 또 '일의 진행이나 처리가 시원하고 말끔하게 이루어지다'의 뜻도 있어요. '서글서글하다' 또한 너그러운 것 외에 '얼굴 이목구비가 크고 시원하다'라는 뜻이 있어요. "넌 서글서글한 외모를 가졌구나."처럼 쓸 수 있어요. 비슷한 말로 '어글어글하다'가 있어요.

명사 / 치다꺼리
남의 자잘한 일을 보살펴서 도와줌. 또는 그런 일.
→ 내가 왜 네 **치다꺼리**를 해야 하는데?

부사 / 너끈히
무엇을 하는 데 모자라지 않고 여유 있게.
→ 이 정도 일쯤이야 **너끈히** 해치울 수 있어.

'치다꺼리'는 본래 '어떤 일을 치러 내는 일'이에요. 이 말이 남의 뒤에서 돌보아 주는 일로 확장되었지요. 이럴 때는 '뒤치다꺼리', '뒷바라지'와도 바꾸어 쓸 수 있어요. '너끈히'는 '어떤 크기나 수량, 능력 따위가 모자람 없이 넉넉하게'란 뜻이에요. '넉근히'로 쓰지 않도록 주의하세요.

어맛! 말맛 살리는 **어휘 양념 퀴즈**

※ 아래 빈칸에 어울리는 말을 고르세요.

❶ "우승이 확정되자 선수들이 감독을 들어 ☐☐☐를 올렸다."

힌트 1 '여러 사람이 한 사람의 몸을 번쩍 들어 위로 던져 올렸다 받았다 하는 일'이에요.

힌트 2 보통 기쁘고 좋은 일이 있는 사람을 축하할 때 쓰지만, 잘못이 있는 사람을 벌줄 때도 해요.

① 만만세
② 헹가래
③ 넉가래

❷ "비만 오면 이렇게 ☐☐이 쑤시네."

힌트 1 '몸의 근육과 뼈마디'를 나타내는 순우리말이에요.

힌트 2 비슷한 말에는 한자어 '골신'이 있어요.

① 삭신   ② 생신   ③ 당신

이런 뜻이 있어요

명사 / 역성
옳고 그름을 따지지 않고 무조건 한쪽 편만 들어 주는 일.
→ 할머니는 내가 엄마한테 꾸중을 들을 때마다 내 **역성**을 들어 주셨어.

명사 / 부아
몹시 화가 나고 분한 마음.
→ 왜 자꾸 약을 올리면서 내 **부아**를 돋우는 건데?

'역성'은 시비를 따지지 않고 무조건 한쪽만 감싸 주는 거예요. 비슷한 말로는 '두둔', '옹호' 등이 있어요. '부아'는 본래 우리가 숨 쉴 때 쓰는 '폐'를 가리키는 순우리말이에요. 화가 치밀면 숨이 가빠지는데, 옛사람들은 이를 두고 폐가 끓어오른다고 봤어요. 그래서 분노하는 걸 "부아가 치밀어오른다."라고 했어요.

명사 / 찍소리
아주 조금이라도 반대하려는 말이나 태도.
→ 엄마의 호된 꾸중에 동생은 **찍소리**도 못 하고 가만있었어.

명사 / 깜냥
일을 판단하고 가늠해 보아 해낼 수 있는 능력.
→ **깜냥**이 안 되는 후보자들이 수두룩하구먼.

'찍소리'는 '없다', '못 하다' 등의 부정어와 함께 호응하여 '반대하거나 항의하지 못하다'란 뜻으로 쓰여요. '깜냥'은 스스로 일을 헤아려 처리할 수 있는 능력이에요. '깜'은 '본바탕이 될 만한 물체'란 뜻의 '감'에서 비롯되었고, '냥'은 한자 '양'이 변한 말이에요. 참고로 '깜냥깜냥'은 '자신의 힘을 다하여'란 뜻이에요.

 이런 뜻이 있어요

명사 **몽니**
받고자 하는 대우를 받지 못했을 때 내는 심술.

→ 저 사람은 **몽니**가 심해서 상대하기 쉽지 않아.

명사 **볼멘소리**
서운하거나 성이 나서 퉁명스럽게 나오는 말투.

→ 물가 상승으로 여기저기서 소비자들의 **볼멘소리**가 터져 나왔다.

'몽니'는 심술궂게 욕심을 부리는 성질이에요. '몽니가 굳다', '몽니가 사납다' 등으로 쓰여요. '볼멘소리'는 기분이 언짢거나 화가 났을 때 툴툴거리며 나오는 말투예요. '말소리나 표정에 언짢거나 화난 기색이 있다'의 뜻인 '볼메다'에서 나온 어휘랍니다.

명사 **설레발**
어떤 일을 하기 전에 몹시 서두르며 시끄럽게 구는 행동.

→ 첫 수업에 지각하면 안 된다며 새벽부터 일어나 **설레발**을 쳤다.

형용사 **심드렁하다**
마음에 들지 않아 관심이 없다.

→ 수업이 지루해 그런지 학생들 반응이 **심드렁했다**.

'설레발'은 몹시 서두르며 부산하게 구는 짓이에요. 돈벌레로 불리는 설레발이가 부산스럽게 기어 다니는 모습에서 유래했다는 설이 있는데, 확실치는 않아요. '심드렁하다'는 마음이 탐탁지 않아서 별다른 반응을 보이지 않는 걸 말해요. 다른 뜻으로는 '병이 낫지도 악화하지도 않은 채 오래 끄는 상태에 있다'로 쓰이기도 해요.

어맛! 말맛 살리는 **어휘 양념 퀴즈**

※ 아래 빈칸에 어울리는 말을 고르세요.

❶ "심부름 갔는데 가게 문이 닫혀서 괜히 ☐☐☐ 만 했다."

힌트 1 '생각했던 바를 이루지 못하고 헛수고만 하고 가거나 옴. 또는 그런 걸음'을 뜻해요.
힌트 2 비슷한 말로는 '공걸음'이 있어요.

① 게걸음   ② 발걸음   ③ 헛걸음

❷ "대답하기 곤란할 때는 ☐☐☐ 가 제일이야."

힌트 1 '아는 것이나 모르는 것이나 다 모른다고 잡아떼는 것'을 뜻해요.
힌트 2 '자기가 하고도 안 한 체, 알고도 모르는 체하는 태도'를 뜻하는 '시치미'와도 어느 정도 뜻이 통해요.

① 모르쇠
② 자물쇠
③ 고로쇠

정답 ❶ ③ ❷ ①

147

명사 단골손님
가게에 자주 오는 손님.

→ 가게 음식 맛이 좋다는 소문에 **단골손님**이 늘었다.

명사 뜨내기손님
어쩌다 한두 번 찾아오는 손님.

→ 관광지는 **뜨내기손님**이 많아서 불친절하기 일쑤이다.

'단골'은 '특정한 가게나 거래처 등을 정해 놓고 늘 일정하게 찾아오는 사람'이에요. 가게에 자주 오는 손님을 두고 '단골손님'이라 하지요. 또 '정해 놓고 자주 가는 가게'란 의미의 '단골집'과도 뜻이 통해요. '뜨내기'는 본래 '일정하게 사는 곳 없이 이리저리 떠돌아다니는 사람'을 말해요. '어쩌다 가끔 하게 되는 일'을 가리키기도 해요. '뜨내기장사'라는 말이 그렇지요.

동사 반색하다
매우 반가워하다.

→ 할아버지가 **반색하며** 나와 동생을 맞이해 주셨다.

명사 물꼬
일이나 이야기의 시작을 비유적으로 이르는 말.

→ 드디어 남북 대화의 **물꼬**가 터졌어.

'반색'은 '매우 반가워함'을 말해요. 얼굴에 반가워하는 표정이 가득한 것이지요. '물꼬'는 본래 '논에 물이 들어오고 나갈 수 있게 만든 통로'를 뜻해요. 이 말이 확장되어 '진전이 없거나 막혀 있는 상태를 푸는 실마리나 계기'를 비유하게 되었어요.

 이런 뜻이 있어요

발밤발밤 (부사)
한 걸음 한 걸음 천천히 걷는 모양.

→ 우리 바람도 쐴 겸 공원에 **발밤발밤** 나가 보는 게 어때?

어우렁더우렁 (부사)
여러 사람 속에서 함께 어울려 지내는 모양을 나타내는 말.

→ 친구들과 **어우렁더우렁** 살아가는 재미가 있다.

'발밤발밤'은 갈 곳을 정하지 않고 발길이 닿는 대로 천천히 걷는 걸 말해요. 비슷한 말에는 '자국을 살피며 한 발 한 발 쫓아가는 모양'을 나타내는 '발맘발맘'이 있어요. '어우렁더우렁'은 여럿이 어울리고 더불어 지내는 거예요. '어울렁더울렁'으로 쓰지 않도록 주의하세요.

늦깎이 (명사)
어떤 일이나 공부를 보통 사람보다 늦게 시작한 사람.

→ 이모는 올해 대학 입학해서 **늦깎이** 대학생이 되었어.

새내기 (명사)
대학이나 직장, 단체에 새로 갓 들어온 사람.

→ 오늘은 동아리 **새내기**를 위한 환영회가 있다.

'늦깎이'는 본래 '나이가 들어서 승려가 된 사람'을 말해요. 이 말이 차츰 나이가 들어서 어떤 일을 새로 시작한 사람을 가리키게 되었어요. 반대말은 '나이가 어려서 승려가 된 사람'을 뜻하는 '올깎이'에요. 한편 '새내기'는 학교나 직장에 처음 들어온 신입을 가리키는 말로, '신참'과 뜻이 통해요. 또 '어떤 일에 나선 지가 얼마 안 되어 일이 서투른 사람'을 가리키는 '신출내기'와도 바꾸어 쓸 수 있어요.

150

어맛! 말맛 살리는 **어휘 양념 퀴즈**

※ 아래 빈칸에 어울리는 말을 고르세요.

❶ "무슨 글씨를 알아보지도 못하게 □□□□ 쓰니?"

힌트 1 '고양이의 발과 개의 발'이라는 뜻으로, 글씨를 아무렇게나 써 놓은 모양을 말해요.

힌트 2 비슷한 말에는 '개발새발'이 있어요.

① 노발대발
② 괴발개발
③ 위기일발

❷ "책꽂이에 있는 책을 꺼내기 위해 □□□ 을 들었다."

힌트 1 '발뒤꿈치를 들고 발의 앞부분으로만 서는 것'을 말해요.

힌트 2 까치가 짧은 뒷발가락으로 뒤꿈치를 치켜올리고 뛰는 걸 보고 이 말이 생겨났어요.

① 죽사발
② 버선발
③ 까치발

정답 ❶ ② ❷ ③

가로세로 십자말풀이 ❻

가로풀이

① 발뒤꿈치를 들고 발의 앞부분으로만 서는 것.
② 어떤 일을 하기 전에 몹시 서두르며 시끄럽게 구는 행동.
④ 뾰족한 가시가 나 있는 두꺼운 껍데기에 쌓인 밤. 또는 그 껍데기.
⑤ 오리의 털. 가볍고 따뜻해서 점퍼나 이불의 재료로 많이 쓰임.
⑦ 아침에 늦게까지 자는 잠.
⑧ 이야기를 재미있게 잘하는 사람.
⑩ 한숨도 자지 않고 밤을 지내다.
⑫ 일정하게 사는 곳 없이 이리저리 떠돌아다니는 사람.
⑬ 얼굴에 날카롭고 엄격한 표정을 나타냄. 또는 그런 표정.

세로풀이

① 어린아이의 말로, 설날의 전날을 이르는 말.
③ 한 걸음 한 걸음 천천히 걷는 모양.
⑤ 박과의 한해살이 덩굴풀로, 열매가 독특한 향과 시원함이 있어 생으로 먹거나 김치, 소박이 등으로 만들어 먹음.
⑥ 성격이 까다롭지 않고 소탈하다.
⑦ 어떤 일이나 공부를 보통 사람보다 늦게 시작한 사람.
⑨ 능력은 부족하면서 지기 싫어하는 고집스러운 마음.
⑩ 대학이나 직장, 단체에 새로 갓 들어온 사람.
⑪ 일 년 중 비가 많이 내리는 시기.
⑭ 매우 반가운 마음을 얼굴에 드러냄.

큭큭! 어휘 수수께끼

❶ 마른 나뭇가지에 열매가 주렁주렁 열린 것은?

❷ 아무리 매를 맞아도 엄살을 부릴 수 없는 사람은?

❸ 거미는 거미인데 어둠을 끌고 내려오는 거미는?

❹ 비가 오면 부리나케 달려가 끌어안고 오는 것은?

❺ 단골손님이 없는 사람은?

❻ 뒷걸음질을 쳐야 이기는 것은?

정답

❶ 고춧 ❷ 검정 신수 ❸ 땅거미 ❹ 빨랫줄에 걸린 빨래
❺ 장어 ❻ 콩나물 ❼ 보드기, 구두시 ❽ 녹색등, 신호등
❾ 파리발 ❿ 등 ⓫ 조미 ⓬ 돌고기

---

❼ 쇠는 쇠인데 못 쓰는 쇠는?

❽ 통은 통인데 몹시 시끄러운 통은?

❾ 세상에서 제일 조용한 발은?

❿ 하늘과 구름을 불태우지만, 어둠에는 늘 지는 것은?

⓫ 날마다 칼로 생채기를 내도 불평 한마디 없이 참고 있는 것은?

⓬ 종일 미역 감아도 춥지 않은 것은?

앳된 아이 두룡이

눈살(O) vs 눈쌀(X) — 명사
두 눈썹 사이에 있는 주름.

→ 누나는 내 농담에 **눈살**을 자주 찌푸렸다.

'눈살'은 눈을 찡그리거나 해서 두 눈 사이에 살이 접히는 거예요. 읽을 때 [눈쌀]로 소리가 나서 '눈쌀'이라고 쓰는 일이 많은데, 이는 틀린 표기예요. '주름살'도 [주름쌀]로 발음하지만, 쓸 때는 '주름살'로 써요. '눈살'은 또 '싫거나 미워서 날카롭게 노려보는 눈길'을 말하기도 해요. 이때는 '눈총'과 통해요.

앳되다(O) vs 앳띠다(X) — 형용사
애티가 있어 어려 보이다.

→ 엄마 사진이 **앳되게** 나와서 언니라고 해도 믿겠어.

'앳되다'는 '애+되다'가 합쳐진 말로, 여기에서 '애'는 '어린 태도나 모양'의 '애티'를 가리키고, '-되다'는 형용사를 만드는 접미사로 쓰여요. 마치 '거짓되다', '막되다'처럼 '앳되다'는 어린 듯 보이다란 뜻이 된 것이지요. 간혹 '어떤 성질을 가지다'의 '띠다'와 합쳐져 '앳띠다'가 맞는 표현이라고 착각하는 사람이 있는데, 이 말은 사전에 없어요.

 이런 뜻이 있어요

내로라하다(O) vs 내노라하다(X) — 동사

어떤 분야를 대표할 만하다.

→ 내가 바로 우리 동네 **내로라하는** 스타라고!

'내로라'는 '나이로라'란 옛말의 준말로, '(최고는) 바로 나이다'란 뜻이에요. 즉, 어떤 분야의 전문가를 가리키는 말이라고 할 수 있어요. 이 말을 마치 '내놓으라고 하다'의 준말로 착각하여 '내노라하다'로 쓰는 일이 많은데, 이는 틀린 표현이에요.

착잡하다(O) vs 착찹하다(X) — 형용사

(섞일 錯 + 섞일 雜)
마음이 복잡하고 어수선하다.

→ 일을 도와준 내게 화를 내는 친구를 보고 기분이 **착잡했다**.

'착잡하다'는 갈피를 잡을 수 없을 정도로 마음이 복잡한 거예요. 비슷한 말로는 '뒤숭숭하다', '착잡하다'의 한자 순서를 바꾼 '잡착하다'가 있어요. 간혹 '착찹하다'라고 잘못 쓰는 일이 있는데, 이는 비표준어이니 주의하세요.

어맛! 말맛 살리는 **어휘 양념 퀴즈**

※ 다음 글을 읽고 알맞은 말에 ○, × 하세요.

❶ 사기충천 (   ) vs 사기충전 (   )

"우리 선수들이 우승으로 ○○○○했다!"

😀 **힌트** '사기가 하늘을 찌를 듯이 높음'을 뜻하는 사자성어예요.

🔓 **사기충천(○) / 사기충전(×)** 기세가 하늘을 찌를 듯하다는 표현은 사기충천(士氣衝天)이지, '사기충전'이 아니에요. '사기 충전(充電)'은 '휴식하면서 활기를 되찾음'을 뜻하는 '충전'이 들어가 '휴식하며 기세나 자신감을 쌓아서 활기를 되찾음'을 뜻하는 행위가 돼요.

❷ 송골송골 (   ) vs 송글송글 (   )

"매운 떡볶이를 먹었더니, 이마에 땀이 ○○○○ 맺혔다."

😀 **힌트** '땀이나 물방울 따위가 살갗에 잘게 돋아나 있는 모양'을 말해요.

🔓 **송골송골(○) / 송글송글(×)** '송골송골'에는 우리말의 '모음조화 현상'이 숨어 있어요. 의성어나 의태어를 표현할 때 'ㅏ, ㅑ, ㅗ, ㅛ'와 같이 양성모음은 양성모음끼리, 'ㅓ, ㅕ, ㅜ, ㅠ'와 같은 음성모음은 음성모음끼리 어울려요.

감감무소식 할머니

감감소식 (O) vs 감감무소식 (O) — 명사
(-없을 無 + 꺼질 消 + 숨 쉴 息)

소식이나 연락이 전혀 없는 상태.

→ 민지는 아직 **감감소식**이야?
→ 도착하면 전화한다더니, **감감무소식**이야.

'감감'은 '멀어서 아득한 모양, 또는 소식이나 연락이 전혀 없는 모양'을 뜻하는 말이에요. 뒤에 '—소식' 또는 '—무소식'이 붙어서 어떤 소식이 없는 상태를 나타내는 말로 쓰여요. 얼핏 이 두 말은 반대의 뜻 같아요. 하지만 의미상 용법의 차이가 없고, 한 가지 뜻으로 널리 쓰여서 복수 표준어로 인정해요. 참고로 '깜깜소식'과 '깜깜무소식'도 둘 다 표준어랍니다.

일부러 (O) vs 일부로 (X) — 부사

어떤 목적이나 생각을 가지고 굳이.

→ 나는 그 애를 보고도 **일부러** 못 본 척했다.

'일부러'는 '어떤 생각을 가지고 마음을 써서'란 뜻 외에도 '알면서도 짐짓'이란 뜻도 있어요. 알면서도 모르는 척하거나 어떤 행동하는 마음을 숨기는 거예요. '고의로'와 뜻이 통하지요. 이 말을 '어떤 한 부분'을 뜻하는 '일부로'라고 쓰는 일이 있는데, 뜻이 전혀 달라요. 참고로 '함부로'가 맞고, '함부러'는 틀려요. 헷갈리지 마세요.

 이런 **뜻**이 있어요

형용사

느지막하다(O) vs 느즈막하다(X)

기한이나 시간이 늦은 감이 있다.

→ **느지막한** 시간에 출발해 그런지 차가 덜 막혔다.

'느지막하다'는 시간이 정해진 때보다 꽤 늦은 걸 말해요. 그런데 이 말을 '느즈막하다'로 잘못 쓰는 일이 많아요. '느즈막하다'는 지방 사투리로, 표준어로 인정되지 않아요. <mark>'느지막하다'는 '일정한 때보다 좀 늦다'를 뜻하는 '느직하다'</mark>에서 변형된 말이에요. 조금 덜 헷갈리겠죠?

명사

조치(O) vs 조취(X)

(둘 措 + 둘 置)

벌어진 사태에 대하여 적절한 대책을 세워서 행함. 또는 그 대책.

→ 가게 매출을 올리기 위한 특단의 **조치**가 필요해.

'조치'는 어떤 문제를 해결하기 위한 대책으로, 비슷한 말에는 '조처', '방법', '작전' 등이 있어요. 보통 어떤 대책을 세울 때 '조치를 취하다'란 표현을 써서 '조취'라고 잘못 알고 있는 일이 있는데, <mark>'조취'는 '짐승의 고기에서 나는 기름기 냄새'</mark>를 뜻해요.

어맛! 말맛 살리는 어휘 양념 퀴즈

※ 다음 글을 읽고 알맞은 말에 ○, ✕ 하세요.

❶ 오랫동안 (   ) vs 오랜동안 (   )

"난 널 아주 ○○○○ 기다렸어."

😀 힌트 '매우 긴 시간 동안'을 뜻해요.

🔖 **오랫동안(○) / 오랜동안(✕)** '오랫동안'은 '시간상으로 썩 긴 시간 동안'을 뜻하는 말로, 부사 '오래'와 명사 '동안'이 합쳐진 합성어예요. '오랜동안'은 문법적으로 말이 되려면, '오랜 동안'으로 띄어 써야 해요. 하지만 이미 '오랫동안'의 형태가 두루 쓰이고 있답니다.

❷ 아귀아귀 (   ) vs 와구와구 (   )

"밥을 ○○○○ 먹어 대는 걸 보니 배가 매우 고팠구나."

😀 힌트 '음식을 욕심껏 입 안에 넣고 마구 씹어 먹는 모양'을 뜻해요.

🔖 **아귀아귀(○) / 와구와구(✕)** 음식을 입 안에 잔뜩 넣고 먹는 모습을 가리킬 때는 '와구와구'나 '아구아구'가 아닌, '아귀아귀'가 맞는 표현이에요. 큰말로 '어귀어귀'가 있어요. 헷갈릴 때는 엄청난 식성을 가지고 먹이를 통째로 삼켜 버리는 '아귀'를 상상해 보세요.

알은척(○) vs 알은체(○) *명사*

어떤 일을 안다는 태도를 나타냄.

→ 나는 남의 일에는 **알은척**을 잘 안 해.
→ 지오는 수업 때마다 자꾸 **알은체**를 한다.

'알은척'과 '알은체'는 둘 다 뭔가에 관심을 가지는 듯한 태도를 보이는 것으로, 복수 표준어로 삼고 있어요. 이 둘은 '사람을 보고 인사하는 표정을 지음'이란 뜻도 있어요. "다음에 만나면 알은척(알은체) 좀 하자."라고 쓸 수 있어요. 참고로 '아는 체'는 '모르면서 아는 듯이 행동하는 것'을 말하니, 헷갈리지 마세요.

치고받다(○) vs 치고박다(✗) *동사*

서로 말로 다투거나 실제로 때리면서 싸우다.

→ 그들 형제는 하루가 멀다고 **치고받으며** 싸운다.

말뿐만 아니라 몸으로 싸울 때 '치고받다'라고 해요. 그런데 이 말을 손으로 치고, 머리를 박고 싸우는 모습을 연상해 '치고박다'라고 쓰는 일이 많아요. '박다'는 "못을 박았다."처럼 '두들겨 치거나 꽂히게 하다'의 뜻이 있어요. '받다'는 '머리나 뿔 따위로 세차게 부딪치다'의 뜻이 있지요. 따라서 싸움을 표현할 때는 '치고받다'가 더 적합한 말이에요.

 이런 뜻이 있어요

명사

십상 (O) vs 쉽상 (X)

(열 十 + 항상 常)
열에 여덟이나 아홉일 정도로 확률이 높다는 말.

→ 그렇게 늑장 부리다가는 차를 놓치기 **십상**이다.

'십상'은 한자 성어 '십상팔구(十常八九)'에서 나온 말로, 열에 여덟이나 아홉 정도로 예외가 거의 없음을 이르는 말이에요. 이 말을 '쉽다'라는 말과 혼동해 '쉽상'이라고 쓰기 쉬운데, 잘못된 표현이에요. 보통은 '~기 십상이다'처럼 쓰여서 '앞의 말이 나타내는 상황이 되기 쉽다거나 그럴 가능성이 크다'는 의미를 표현해요.

동사

시시덕거리다 (O) vs 히히덕거리다 (X)

실없이 웃으면서 조금 시끄럽게 자꾸 이야기하다.

→ 누가 수업 시간에 만화책 보면서 **시시덕거리래**?

'시시덕거리다'와 비슷한 말에는 '시시덕대다', '시시덕시시덕하다'가 있으며, 웃으면서 떠들썩하게 계속 이야기하는 걸 말해요. 이 말을 '마음에 흐뭇하여 멋없이 자꾸 웃다'를 뜻하는 '히히거리다'와 착각하여 '히히덕거리다'로 잘못 쓰는 일이 많아요. '히히덕거리다'는 지방 사투리로 쓰이는 말이랍니다.

어맛! 말맛 살리는 **어휘 양념 퀴즈**

※ 다음 글을 읽고 알맞은 말에 ○, × 하세요.

❶ 짓궂은 (　) vs 짖궂은 (　)

"그런 ○○○ 장난은 다들 싫어해."

😊 힌트　'장난스럽게 남을 괴롭히고 귀찮게 굴어 미운 느낌이 있다'의 뜻이에요.

🔖 **짓궂은(○) / 짖궂은(×)** '짓궂다'는 남을 일부러 괴롭히거나 성미가 심술스러운 데가 있다는 뜻이에요. 비슷한 말로 '개구지다', '얄궂다' 등이 있어요. 이 말을 '짖궂다'나 '지꿎다', '짓굳다'처럼 쓰는 일이 많으나, '짓궂다'만 표준어로 삼아요.

❷ 천장 (　) vs 천정 (　)

"비만 오면 ○○에서 물이 샌다."

😊 힌트　'지붕 안쪽 위쪽 면'을 가리키는 말이에요.

🔖 **천장(○) / 천정(×)** '천장'은 '하늘 天 + 가로막을 障'으로, 하늘을 가로막는 건축 구조물 즉, 지붕 안쪽을 뜻해요. 이 말을 물가가 한없이 오르기만 함을 표현하는 '천정부지(천장을 알지 못하다)'라는 말과 혼동해 '천정'이라고 많이 써요. 하지만 우리말에서는 '천장'만 표준어로 삼고 있어요.

 이런 뜻이 있어요

갯벌(○) vs 개펄(○) — 명사
바닷물이 빠졌을 때 드러나는 넓은 진흙 벌판.

→ 이 **갯벌**이 우리 어부들에게 삶의 터전이야.
→ 바닷물이 빠져나가자 넓은 **개펄**이 펼쳐졌다.

바닷가에서 밀물 때 물에 잠기고 썰물 때 물이 밖으로 나가면서 드러나는 점토질 땅을 '갯벌' 또는 '개펄'이라고 해요. 엄밀히 말하면 '갯벌'은 '갯가에 진흙이 깔린 벌판'이고, '개펄'은 '바닷물이 드나드는 모래톱 또는 그 주변의 너른 땅'이지만, 지금은 복수 표준어로 삼고 있어요. **'개뻘'과 '갯뻘'로 쓰는 경우가 있으나 표준어로 삼지 않아요.**

짭조름하다(○) vs 짭조롬하다(✕) — 형용사
조금 짠맛이 있다.

→ 나물무침이 **짭조름하고** 맛있네.

'짭조름하다'는 음식에 짠맛이 느껴진다는 표현으로, '짜다'에서 생겨났어요. '간간짭짤하다', '간간하다' 등처럼 아주 짜지 않으면서 입맛을 당기게 할 때 쓰는 말이에요. 이 말을 **간혹 '짭조롬하다'라고 쓰는데, '짭쪼름하다', '짭쪼롬하다'와 함께 비표준어로 삼고 있어요.** 나름의 말맛을 지닌 말들이라서 비표준어로 분류되기에는 아쉬움이 남아요.

잊히다(○) vs 잊혀지다(✕)
한번 알았던 것이 기억에서 없어지다.

→ 그 사건은 사람들의 무관심 속에 차츰 **잊혀** 갔다.

동사

'잊히다'는 '잊다'의 피동사로, 알았던 것이 생각나지 않게 되는 거예요. 피동사는 남의 행동을 입어서 행해지는 동작을 나타내는 동사예요. 예를 들어 '보다'의 피동사는 '보이다'이지요. 그런데 '잊혀지다'는 '잊히다'란 피동사에 피동형 접사인 '—어지다'를 또 쓴 거예요. 문법적으로 이렇게 피동 표현을 두 번 쓰는 건 허용하지 않아요.

드러나다(○) vs 들어나다(✕)
가려져 있던 것이 보이게 되다.

→ 수영복을 입으면 감춰 둔 뱃살이 **드러난단** 말이야.

명사

'드러나다'는 '감춰져 있던 사실이 밝혀지다', '태도나 감정 등이 표현되다', '다른 것보다 두드러져 보이다' 등 뜻이 다양해요. 간혹 '들다 + 나다'의 어원을 생각해 '들어나다'로 잘못 쓰는 경우가 있는데, '드러나다'의 경우 본뜻이 사라져 소리 나는 대로 적는 게 원칙이 되었어요. 이러한 말에는 '사라지다', '쓰러지다'가 있어요.

어맛! 말맛 살리는 **어휘 양념 퀴즈**

※ 다음 글을 읽고 알맞은 말에 ○, ✕ 하세요.

❶ 바람( ) vs 바램( )

"이번 일은 네 ○○대로 되지 않을 거야."

😊 **힌트** '어떤 일이 이루어지기를 기다리는 간절한 마음'을 뜻해요.

👉 **바람(○) / 바램(✕)** '바람'을 '바램'으로 잘못 쓰는 경우가 많아요. '바람'은 '생각이나 희망대로 어떤 일이 이루어지길 기대하다'란 뜻의 '바라다'에서 나온 명사형이에요. '바램'은 틀린 말로 사전에 올라 있지 않아요.

❷ 발자국( ) vs 발자욱( )

"하얀 눈 위에 ○○○ 남기는 게 재미있어."

😊 **힌트** '발로 밟은 자리에 남은 발의 자국'을 뜻해요.

👉 **발자국(○) / 발자욱(✕)** '발자국'은 걸을 때 발이 남긴 자국이나 발을 한 번 떼어 놓은 걸음을 뜻하는 말이에요. 문학 작품이나 노랫말에서 '발자욱'이라는 말을 쓰는데, 이는 현재 비표준어로 분류하고 있어요.

 이런 뜻이 있어요

뾰루지(O) vs 뾰두라지(O) vs 뾰드락지(X) *명사*

피부에 뾰족하게 부어오른 작은 부스럼.

→ 이마에 난 **뾰루지**를 건드려서 피가 났다.
→ 엉덩이에 난 **뾰두라지**를 무심히 넘겨서는 안 된다.

'부스럼'은 '피부 속에 병균이 들어가서 생기는 염증'이에요. **'뾰루지'와 '뾰두라지'는 피부에 솟아나는 염증을 말해요.** 두 말 다 복수 표준어로 삼고 있어요. '뾰드락지'나 '뾰로지' 등은 사투리예요.

민얼굴(O) vs 맨얼굴(X) *명사*

화장을 하지 않은 얼굴.

→ 그 배우는 화장을 안 한 **민얼굴**도 예쁜 것으로 알려져 있다.

흔히 꾸미지 않은 얼굴을 '다른 것이 없는'을 뜻하는 접두사 '맨-'을 써서 '맨얼굴'로 쓰는데, 이 말은 사전에 없어요! 화장하지 않은 얼굴은 '민얼굴'이라고 한답니다. 여기에서 **'민-'은 '꾸미거나 딸린 것이 없는'을 뜻하는 접두사예요.** '민얼굴'은 '민낯'이라고도 해요.

졸리다 (O) vs 졸립다 (X)

형용사

자고 싶은 느낌이 들다.

→ 밤을 새웠더니 오늘 수업 시간 내내 **졸리더라**.

'졸리다'는 자고 싶은 느낌이 나는 걸 말하는 동사로도 쓰이고, 그런 느낌이 있다의 형용사로도 쓰여요. **'졸립다'라고 잘못 쓰는 경우가 많은데, 이는 '졸렵다'와 함께 사투리로 분류돼요.** '졸리다'는 '졸려서', '졸린', '졸리니' 등으로 활용되고, '졸리워', '졸리운', '졸리우니' 등은 틀린 표현이에요.

하마터면 (O) vs 하마트면 (X)

명사

자칫 조금만 잘못했더라면.

→ 발을 헛디뎌 **하마터면** 계단에서 굴러떨어질 뻔했어.

'하마터면'은 어떤 위험한 상황을 겨우 벗어났을 때 쓰는 표현이에요. "하마터면 큰일 날 뻔했다."처럼 쓰이지요. **발음이 쉽다는 이유로 '하마트면'으로 쓰는 경우가 많은데, 이는 비표준어예요.**

어맛! 말맛 살리는 **어휘 양념 퀴즈**

※ 다음 글을 읽고 알맞은 말에 ◯, ✕ 하세요.

❶ 금세 (   ) vs 금새 (   )

"어제 너무 피곤해서 눕자마자 ◯◯ 잠들었어."

😊 **힌트** '얼마 되지 않는 짧은 시간 안에'를 뜻하는 말이에요.

🔓 **금세(◯) / 금새(✕)** '금세'는 '바로 지금'을 뜻하는 '금시'에 조사 '-에'가 합쳐진 '금시에'가 줄어든 말이에요. 이를 '금새'로 잘못 쓰는 일이 많은데, '어느새'의 '새'처럼 잘못 인식해서 혼동하는 게 아닐까 해요. 바른 표현은 '금세'임을 기억하세요.

❷ 빨간색 (   ) vs 빨강색 (   )

"가을이 되자 나뭇잎이 ◯◯◯으로 물들었다."

😊 **힌트** '피의 빛과 같이 붉은 색깔'을 뜻해요.

🔓 **빨간색(◯) / 빨강색(✕)** '빨간색'은 '빨강', '붉은색', '붉은빛'이라고 하기도 해요. '빨강'에 '붉은 빛깔'이란 뜻이 있으므로, '빨강색'이라고 하면 '색'이 반복돼요. 그래서 '빨강색'은 비표준어로 삼고 있어요. 파랑색, 노랑색도 마찬가지예요. 파랑, 노랑, 파란색, 노란색으로 써요.

가로 풀이

① 사기가 하늘을 찌를 듯이 높음.
③ 두 눈썹 사이에 있는 주름.
⑤ 햇빛이나 달빛에 비치어 반짝이는 잔물결.
⑥ 매우 중요하고 큰 문제를 비유적으로 이르는 말.
⑦ 손톱 등으로 할퀴어지거나 긁혀서 생긴 작은 상처.
⑧ 열에 여덟이나 아홉 정도로 거의 예외가 없음.
⑨ 다른 사람 없이. 다른 사람의 도움 없이 스스로.
⑪ 물로 손이나 얼굴을 닦음.
⑬ 주로 설탕이나 꿀에 절여서 마시는, 공같이 동그란 모양의 샛노란 열매.
⑭ 국경을 넘어 다른 나라로 감.

세로 풀이

① 자신의 잘못을 인정하며 용서해 달라고 빎.
② 지붕 안쪽 위쪽 면.
④ 힘줄이나 지방 덩어리가 섞여 있지 않고 살로만 된 고기.
⑤ 기계가 맞닿는 부분의 마찰을 줄여 잘 움직이게 하려고 쓰는 기름.
⑦ 생일을 축하하기 위해 음식을 차려놓은 상.
⑧ 실을 '十' 자 모양으로 엇갈리게 놓는 수.
⑩ 얼마 되지 않은 짧은 시간 안에.
⑫ 발로 밟은 자리에 남은 발의 자국.
⑬ 귀한 물건이나 정보 등이 불법적으로 외부로 나가 버림. 또는 그것을 내보냄.

❶ 아무리 오래된 모자라도 버릴 수 없는 것은?

❷ 기절할 때 부는 바람을 네 글자로 하면?

❸ 천장은 천장인데 누워서도 보지 못하는 천장은?

❹ 걸어 다니면서 찍는 도장은?

❺ 총은 총인데 맞으면 기분만 착잡해지는 총은?

❻ 일주일에 한 번은 꼭 빨간색 옷을 입는 것은?

정답 ① 각자의 이름 (엄마아빠 이름) ② 기찻소리 ③ 침팬지 ④ 발가락 ⑤ 똥꿈 ⑥ 달걀 ⑦ 거울 ⑧ 눈꺼풀 ⑨ 빨리 ⑩ 꾀병 ⑪ 밤 잘 자는 날 ⑫ 돈수대통

❼ 세상의 어떤 것이든 금세 똑같이 그리는 것은?

❽ 졸리면 자꾸 내려오는데 천하장사도 못 들어 올리는 것은?

❾ 아무리 느지막하게 와도 빠르다고 하는 것은?

❿ 제아무리 내로라하는 의사라도 못 고치는 병은?

⓫ 일 년 중 밤이 제일 긴 날은?

⓬ 통은 통인데 사람들 누구나 갖기를 바라는 통은?

가로세로 십자말풀이 정답

① 30쪽

망	신		실		배	탈
	경	거	망	동		출
	전			전	자	
기		장	구		부	상
호	들	갑		낙	심	
	국		긍	지		충
실	화		정		합	격

② 52쪽

일		문	외	한		으
가	관			입	씨	름
견		등	단			장
	햅	쌀		각		
뚱			장	광	설	
딴	죽		기		전	언
지		안	간	힘		변

③ 78쪽

희	극		책	방		떡
	비	밀		해	돋	이
우	리		기			
연			분	실	물	
		대	파		거	
	직	접		진	품	
긴	장		밑	상		

④ 100쪽

전	용		귀	농		다
	무	한		담		반
		정	글		호	사
충	고		쓴		의	
청			이	상	적	
도	전	장		실		난
	담		유	감		방

5 126쪽

가	르	다		아	물	다
만		음	악	가		다
두			동		공	익
다	혈	질		리		선
		리	코	더		
해	치	다		십	장	생
외					날	

6 152쪽

까	치	발		오	리	털
치		밤	송	이		털
설	레	발				하
		밤		새	우	다
늦	잠		뜨	내	기	
깎		오		기		반
이	야	기	꾼		정	색

7 178쪽

사	기	충	천		눈		살
과			장				코
	윤	슬		생	채	기	
사	활			일			
	유		십	상			발
금		혼	자		유	자	
세	수		수		출	국	

어휘 찾아보기

ㄱ

가관 … 51
가르다 … 108
가리다 … 108
가만두다 … 107
가만있다 … 107
가을걷이 … 83
간간하다 … 93
간접 … 72
간파하다 … 43
갈다 … 24
감감무소식 … 163
감감소식 … 163
감소하다 … 98
강단 … 33
개그 … 20
개펄 … 171
객관적 … 68
갯벌 … 171
거만하다 … 12
거북이걸음 … 99
거북하다 … 50
건방지다 … 12
겉절이 … 134
겨우내 … 98
격앙되다 … 23
곁두리 … 133
고가 … 60
고갱이 … 133
고집불통 … 91
곰살궂다 … 141
공개적 … 41
공용 … 81
과장 … 34

관대하다 … 67
괴발개발 … 151
구쁘다 … 134
구석지다 … 33
굼뜨다 … 72
귀농하다 … 82
금세 … 176
금지 … 15
기호 … 27
긴장하다 … 64
길잡이 … 73
까치발 … 151
까탈스럽다 … 59
깜냥 … 145
꼬치꼬치 … 91
꾀죄죄하다 … 75

ㄴ

나르다 … 119
낙심 … 20
난방 … 97
날뛰다 … 111
날래다 … 72
날리다 … 119
내로라하다 … 160
냉방 … 97
너끈히 … 142
넉살 … 135
널뛰다 … 111
노골적 … 41
노리다 … 116
노을 … 139

논픽션 … 16
놀리다 … 116
농담 … 85
눅눅하다 … 75
눈살 … 159
느지막하다 … 164
늦깎이 … 150

ㄷ

단골손님 … 149
단념하다 … 38
달리다 … 111
달변 … 69
담뿍담뿍 … 134
대세 … 43
대식가 … 93
대체하다 … 24
도긴개긴 … 29
도움 … 68
동경하다 … 19
동조하다 … 49
두둔하다 … 41
뒤지다 … 123
뒤집다 … 123
드러나다 … 172
드물다 … 76
등단 … 47
등산하다 … 71
등쌀 … 37
따다 … 115
따지다 … 42
딸리다 … 111

땅거미 … 137
땋다 … 115
떨이 … 60
뚝심 … 33
뚱딴지 … 35
뜨내기손님 … 149
뜬금없이 … 46

미역 … 137
미워하다 … 45
미치다 … 27
민얼굴 … 175
밉상 … 69
밍밍하다 … 93

빗다 … 115
빚다 … 115
빨간색 … 176
빻다 … 125
뻔뻔하다 … 141
뻗다 … 125
뾰두라지 … 175
뾰루지 … 175

ㅁ

마수걸이 … 60
말솜씨 … 46
말썽 … 77
말쑥하다 … 75
망신 … 11
맞붙다 … 123
맞잡다 … 123
맞장구치다 … 49
맹랑하다 … 50
모닥불 … 138
모르쇠 … 147
모조리 … 28
몰라주다 … 85
몽니 … 146
무던하다 … 59
무덤덤하다 … 95
무료하다 … 59
무르다 … 107
무안 … 11
무한 … 90
물거품 … 83
물꼬 … 149
물리다 … 107

ㅂ

바람 … 173
박하다 … 90
반색하다 … 149
발끈하다 … 51
발밤발밤 … 150
발자국 … 173
방심하다 … 64
방해 … 68
배짱 … 11
배탈 … 25
배포 … 11
보송하다 … 75
볼멘소리 … 146
볼썽사납다 … 45
부아 … 145
북새통 … 139
분담하다 … 82
분실물 … 65
분주하다 … 81
불결하다 … 97
불룩하다 … 63
불현듯이 … 46
비극 … 63
빈번하다 … 76

ㅅ

사기충천 … 161
사력 … 37
사리다 … 120
삭신 … 143
살뜰하다 … 141
살리다 … 120
상투적 … 49
새내기 … 150
새우다 … 119
샘 … 19
생채기 … 138
서글서글하다 … 142
선망하다 … 19
선심 … 61

설레발 … 146
설전 … 42
성화 … 37
세우다 … 119
소식가 … 93
송골송골 … 161
송두리째 … 133
쇼크 … 16
슬다 … 120
습관적 … 49
시나브로 … 137
시들하다 … 15
시시덕거리다 … 168
시큰둥하다 … 15
신경전 … 17
신나다 … 59
실망 … 20
실속 … 61
실화 … 16
심드렁하다 … 146
십상 … 168
싸고돌다 … 41
싹쓸이 … 138
쌈박하다 … 142
쏠쏠하다 … 138
쓸다 … 120
쓸데없다 … 86

ㅇ

아귀아귀 … 165
아등바등 … 87
아람 … 133

아리다 … 108
아물다 … 112
악동 … 21
악화되다 … 94
안간힘 … 13
알아주다 … 85
알은척 … 167
알은체 … 167
앳되다 … 159
야행성 … 99
약손 … 25
양해 … 23
어눌하다 … 67
어르다 … 108
어우렁더우렁 … 150
언변 … 46
언짢다 … 50
엄격하다 … 67
엄살 … 135
업다 … 124
엎다 … 124
여름내 … 98
여물다 … 112
역성 … 145
열광하다 … 27
오기 … 13
오랫동안 … 165
완화되다 … 24
우묵하다 … 63
우연 … 64
욱하다 … 121
웃기다 … 121
위협 … 34
유용하다 … 86
유창하다 … 67

유한 … 90
윤슬 … 137
으름장 … 34
은연중 … 77
이농하다 … 82
이롭다 … 94
이상적 … 86
이상형 … 21
이성적 … 28
이해 … 23
익살 … 20
일가견 … 35
일몰 … 71
일부러 … 163
일출 … 71
일화 … 39
입씨름 … 42
잊히다 … 172

ㅈ

자부심 … 15
잔망스럽다 … 50
장광설 … 47
재다 … 113
재우다 … 113
잰걸음 … 73
적다 … 38
적대적 … 89
전담하다 … 82
전부 … 28
전용 … 81
조르다 … 117

조치 … 164
졸리다 … 176
졸이다 … 117
주관적 … 68
죽을힘 … 37
증가하다 … 98
지피다 … 124
직접 … 72
진담 … 85
질다 … 109
질리다 … 109
질투 … 19
집착 … 29
짓궂다 … 169
징그럽다 … 45
짚이다 … 124
짭조름하다 … 171
찍소리 … 145

착잡하다 … 160
천연덕스럽다 … 12
천장 … 169
청결하다 … 97
체념하다 … 38
추궁하다 … 42
충격 … 16
충고 … 87
취향 … 27
치고받다 … 167
치다꺼리 … 142
치밀하다 … 76

태연하다 … 12
털털하다 … 141

폭식 … 95
푸대접하다 … 89
푸성귀 … 134
풀리다 … 24
필연 … 64

하마터면 … 176
하산하다 … 71
하소연 … 65
한가하다 … 81
합리적 … 28
해넘이 … 71
해돋이 … 71
해롭다 … 94

해어지다 … 116
해치다 … 112
행운 … 39
허술하다 … 76
허풍 … 34
헐값 … 60
헛걸음 … 147
헤어지다 … 116
헤치다 … 112
헹가래 … 143
현실적 … 86
혐오하다 … 45
호들갑 … 17
호의적 … 89
호전되다 … 94
환대하다 … 89
후미지다 … 33
후하다 … 90
흥분되다 … 23
희극 … 63
희박하다 … 38

187

말맛이 살고 글맛이 좋아지는
어맛! 어휘 맛집 2호점

1판 1쇄 발행 2022년 11월 30일
1판 2쇄 발행 2023년 4월 30일

글　　　　　홍옥
그　　림　　이정화

펴 낸 이 김유열
지식콘텐츠센터장 이주희
지식출판부장 박혜숙
지식출판부·기획 장효순, 최재진, 서정희 | **마케팅** 최은영 | **제작** 윤석원

책임편집 홍옥
디 자 인 김수인
인　　쇄 명진씨앤피

펴 낸 곳 한국교육방송공사(EBS)
출판신고 2001년 1월 8일 제2017-000193호
주　　소 경기도 고양시 일산동구 한류월드로 281
대표전화 1588-1580
이 메 일 ebsbooks@ebs.co.kr
홈페이지 www.ebs.co.kr

ISBN 978-89-547-7098-9 74700
　　　 978-89-547-5398-2 (세트)

ⓒ 2022, EBS·홍옥·이정화

이 책은 저작권법에 따라 보호받는 저작물이므로 무단 전재 및 무단 복제를 금합니다.
파본은 구입처에서 교환해 드리며, 관련 법령에 따라 환불해 드립니다. 제품 훼손 시 환불이 불가능합니다.